라틴은 · · · 이다?

라틴은 행복이다

라틴은 행복이다

초판1쇄 | 2007년 7월 30일
지은이 | 고정석
표지디자인 | 아르떼
본문디자인 | 신영미

펴낸곳 | 도서출판 바람구두
주소 | 121-842 서울시 마포구 봄누리길 35
전화 | 02-335-6452
이메일 | gardo@paran.com

ISBN-10 | 89-954868-9-9 (03980)
ISBN-13 | 978-89-954868-9-4 (03980)
값 15,000원

_바람구두를 출판사 이름으로 쓸 수 있도록 동의해주신 '바람구두 연방의 문화망명지' 운영자께 감사드립니다.
_잘못 만들어진 책은 바꾸어드립니다.

● 일러두기

_멕시코Mexico의 현지 스페인어 발음은 '메히꼬'다. 그러나 우리나라에서는 영어식인 '멕시코'로 알려져 있다. 따라서 파나마, 페루, 콜롬비아, 콜로니얼 등 익히 알려진 국가명과 용어는 영어식 발음을 따랐고, 그밖의 떼낄라, 깐꾼, 싼띠아고 등의 지명이나 고유명사는 현지 스페인어 발음에 충실하게 표기했다.

_이 책은 2005년 출간된 『고정석의 라틴앨범』의 개정판입니다.

고정석 글 · 사진

라틴은 행복이다

차례 Contents

Prologue

라틴을 앓다

벌써 10년쯤 된 이야기이다. 나는 가슴 뜨거운 열혈 건축학도였고, 멕시코 건축가 바라간에 심취해 있었다. 바라간은 안데스 산맥을 꿈꾸게 했고, 그 하늘을 유유히 가르는 콘돌이 어느새 내 머릿속으로 미끄러져 들어왔다. 나는 그렇게 라틴을 앓기 시작했다.

그 즈음 라틴아메리카를 여행하리라 맘먹었고, 누가 내 꿈을 물으면 "난 안데스에 갈 거야. 거기 산기슭에서 야마를 치는 것도 좋겠지. 순수하게 남아 있는 하늘과 바람을 느끼고, 계곡 사이로 나는 콘돌을 볼 수 있을 테니…"라는 게 내 대답이었다.

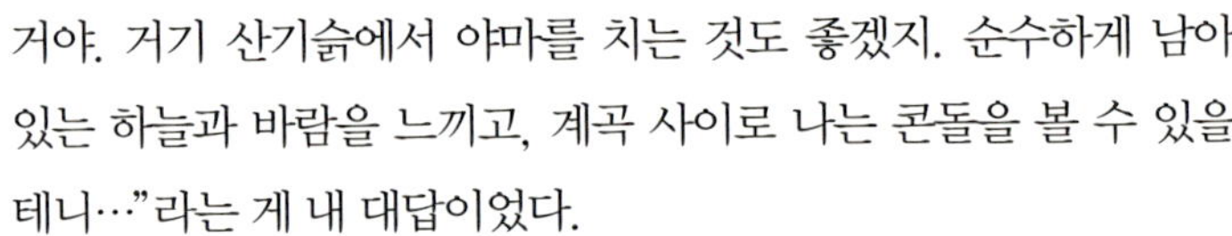

하지만 입버릇처럼 여행을 말하는 것과 막상 여행길에 오르는 것은 별개의 문제였다. 학교를 졸업하고 군복무를 해야 했고 제대하면 떠나려 했던 막연한 계획도 현실 앞에선 너무나 무력했다. 나는 직장인이 되어 점점 사회에 적응해 갔고 세상에 익숙해지는 만큼 내 꿈은 점점 화석이 되어 갔다.

그러던 어느 날 이러다가는 영영 못 떠나리라는 불안감이 엄습했다. 무엇인가 해야만 했다. 우선 스페인어 공부를 시작했다. 브라질을 제외한 라틴의 모든 나라들이 스페인어를 사용한다기에. 이 스페인어 공부는 떠나는 날까지 1주일에 두 번, 거의 1년 동안 거르지 않고 계속되었다.

안데스 능선을 달려보리라는 기대에 승마를 배웠고, 산호초 가득한 카리브의 바닷속을 누비리라는 꿈에 스쿠버 다이빙에 더욱 박차를 가했다. 주말이면 도서관으로 달려가 라틴아메리카의 고대 문명과 근현대사에 관한 책을 꾸준하게 읽었다. 처음엔 마야와 잉까는커녕 중미와 남미조차 구분하지 못한 나였지만, 마야와 아스텍이 다른 문명이란 것을, 마지막 잉까(왕)는 자신이 신이라고 생각한 피사로Pizarro에게 죽임을 당했다는 슬픈 역사를, 우리나라가 처음으로 FTA를 체결한 칠레의 포도주가 값싸고 좋은 이유를, 브라질 대통령 이름이 왕년의 인기그룹 룰라와 같다는 사실을, 하나씩 둘씩 깨우쳐 갔다.

시간은 그렇게 흘러 'Hola!"(안녕)라는 인사가 낯설지 않고, 마야 유적 사진들에 이름을 붙여가며 구분할 수 있게 되었을 때, 나는 무엇에 홀린 듯 홀가분한 마음으로 사표를 내던질 수 있었다. 그렇게 짧게는 1년, 길게는 10여 년 라틴을 앓은 뒤, 드디어 난 꿈에 그리던 라틴아메리카의 품으로 날아 들어갔다.

여기 실린 사진과 글은 그토록 오랫동안 꿈꿔오던 라틴아메리카 여행 8개월의 기록이다. 분명 내가 찍어오고 내가 썼지만, 곰곰 생각해보면 라틴이 나를 불러들여 내 속에 남겨준 흔적이 아닌가 싶다. 나는 그저 라틴의 삶과 자연에 한 발짝 더 가까이 다가가고 팠던 평범한 젊은이일 뿐이었으니….

떼낄라
과달라하라
과나후아또
이슬라데무헤레스
멕시코시티
딱스꼬
와하까
싼끄리스또발

멕 시 코

[Mexico]

Guadalajara
Tequila
Guanajuato
Ciudad de Mexico
Taxco
Oaxaca
San Cristobal de Las Casas
Isla Mujeres

드디어 바라간의 땅에

하루 동안 이렇게 행복해도 되는 걸까? 그토록 오고팠던 여기 이곳 라틴이 이리도 행복한 곳일지는 미처 몰랐다. 행복하다, 멕시코는, 과달라하라Guadalajara는! 밤 비행기를 갈아타느라 토막잠을 잤지만, 처음 만난 라틴 아메리카는, 내가 그토록 꿈꿔온 바라간의 땅은, 하루종일 걸어도 피곤함이 느껴지지 않을 정도로 나를 달뜨게 했다. 라틴에서의 여행 내내 이 기분이 반만이라도 계속되면 좋으련만….

멕시코에 가면 눈 뜨고 있어도 코 베어간다고 나를 겁주던 멕시칸 다니엘의 말이 무색하게 사람들은 다정하고 친절하다. 여러 멕시칸들의 도움을 받으며 우연하게 찾아간 싼빠블로 여관은 그에 걸맞게 퍽이나 깔끔하고 예뻤다. 너무 이른 시각 호텔에 도착한 까닭에 체크인 시간까지 시내를 구경하며 시간을 보내기로 했다. 처음엔 라틴의 첫 도시인데다 여기저기서 들었던 멕시코에 대한 많은 걱정들로 마음이 가볍지만은 않았다. 하지만 잠시 시간을 때우려고 나온 시내는 체크인 시간을 넘어 점심을 먹는 것조차 잊게 할 정도로 즐거운 곳이었다.

과달라하라는 북미의 오래된 여느 도시들처럼 일방통행이 기본인 바둑판 가로 체계였다. 대부분의 건물은 가로 쪽으로 닫힌 빠띠오patio(중정)를 둔 내부 지향형이었고 낡은 건물이 많아서 가로는 전체적으로 어두웠다. 시내 중앙 광장인 플라사데아르마스Plaza de Armas에 도착했다. 광장을 중심으로 한편에는 근사한 성당이 자리하고 그 옆으로 주정부청사, 뒷편으로 박물관들이 모여 있고 밝은 보행몰이 이어진다. 낯선 이방인에게 친근하게 말을 건네는 장난스러운 아저씨, 수줍게 훔쳐보는 세뇨리따Señorita(아가씨), 빙그레 웃으며 지나가는 할아버지…. 내가 만난 라틴의 첫 모습은 더 좋을 수 없을 것 같은 과달라하라의 맑은 하늘처럼 어여쁘기 이를 데 없다.

주정부청사를 기웃거리던 나를 발견한 경찰은 유쾌한 손짓으로 나를 부르고는 무료이니 들어와서 천천히 구경하다 가라며 내게 권한다. 이렇게 우연히 들어간 주정부청사에서 난 뜻하지 않게 멕시코 벽화를 처음 보았다.

'압도한다'는 말은 이럴 때 쓰는 말일 터. 2층으로 난 계단을 오르려 무심코 모퉁이를 돌았을 때 난 궁륭을 가득 메운 벽화를 보고 하마터면 뒤로 나자빠질 뻔했다. 멕시코 독립의 아버지 이달고Hidalgo, 퀭한 눈으로 횃불을 휘두르며 갑자기 나타난 그의 강렬한 인상은 흡사 감전이라도 된 듯 딱 숨을 멎게 했다. 학살, 방화, 전쟁으로 뒤범벅된 회색 빛의 국민들에게 그는 아직도 무언가를 부르짖는 모습으로 생생하게 살아 있었다. 이것이 그 유명한 멕시코 벽화(32~33쪽 참조)와의 첫 만남이었다.

호세 끌레멘떼 오로스꼬José Clemente Orozco. 바라간에 관한 논문을 쓸 때 바라간의 지인이었던 그의 그림을 몇몇 감상할 기회가 있었지만 그가 이렇게 대단한 작업을 했으리라고는 미처 생각하지 못했다. 대영박물관에서 고흐 그림을 처음 보았을 때의 기억이 떠오른다. 의사 가쉐의 집을 감싸고 있는 살아 있는 파란색이! 그때 난 이글거리는 파란색에 정신이 멍해지며 잠시 시간이 정지된 듯한 감동에 휩싸였다. 오로스꼬의 그림은 십여 년이 흘러 기억 저편에 묻혀 있던 그때의 전율을 다시 불러일으키기에 충분했다. 그의 벽화는 한때 그림을 그리고 싶었던 나의 까마득하게 잊혀진 꿈들을 자극했다.

걷는 것만으로도 이상하리만큼 기분이 좋아지는 이곳, 내가 너무 오랫동안 바라간의 고향을 꿈꿔 온 까닭일까? 낯설어야 할 라틴의 땅이 여러 번 와본 듯 편안하다. 허름한 식당에 들어가 늦은 점심으로 과달라하라 지방 음식인 오가다Hogada를 먹었다. 평범해 보이는 아저씨들 몇몇에게 혹시나 바라간을 아는지 물었더니 뜻밖에도 다들 고개를 끄덕거린다. 그는 이 지방 12인의 영웅 중 한 명으로 추앙 받는다고. 식사가 끝나자 주인 아저씨는 바라간이 지었다는 근처의 집까지 날 데려다 주었다. 소박한 지중해 풍의 장식이 더해진 바라간의 초기 작품과 처음 맞닥뜨리는 순간이었다. 그리 예쁠 것도 특별할 것도 없는 그 집 앞에 선 나는 바라간의 존재를 느끼며 "드디어 바라간의 고향에 왔구나!" 가슴 벅찬 감동에 한참을 우두커니 서 있어야 했다.

떼낄라? 떼낄라!

숙소에서 몇몇 사람들이 "떼낄라Tequila 가자"고 하기에 술 마시러 가나 보다 하고 대수롭지 않게 생각했었다. 나중에 알고 보니 그들이 말한 떼낄라는 술이 아니라 술을 만드는 마을 떼낄라에 가자는 이야기였다. 어느 것이 먼저인지 아리송하긴 하지만 떼낄라는 멕시코를 대표하는 술 떼낄라를 생산하는 마을의 이름으로, 과달라하라에서 두어 시간 떨어진 할리스꼬의 한 시골 이름이다. 이곳에서 멕시코 고원의 뜨거운 태양 아래 떼낄라의 원료인 블루아가베Agave Azul(용설란)가 자란다. 멕시코 정부는 떼낄라의 품질 유지를 위해 이곳 할리스꼬와 몇 개 주의 몇몇 도시에서만 블루아가베를 재배할 수 있도록 제한하고 있다.

떼낄라에선 블루아가베 농장 투어를 할 수 있다. 떼낄라의 원료인 블루아가베는 아시엔다Hacienda(농장)에서 8~10년 정도 키워 손으로 채취하는데 어떤 것들은 무게가 300파운드나 나간다. 채취한 아가베의 잎을 제거하면 파인애플 모양의 까베사cabeza가 남는다. 이 까베사를 증기로 찌고 압착시켜 당분을 얻고, 이것을 다시 효모로 발효시킨다. 발효된 술은 증류과정을 거쳐서 우리가 아는 떼낄라가 된다. 증류한 것을 바로 병에 담으면 하얀색의 레세르베사reservesa, 두 달부터 일 년 정도 오크통에 숙성시키면 레포사도reposado, 일 년 이상 숙성시키면 아녜호añejo라고 부른다. 물론 질이 안 좋은 것들은 아가베에 다른 당분을 섞어서 만든다. 막 증류된 떼낄라는 향이 무척 좋았다. 알콜이 60도에 이르지만 향긋한 향에 나도 모르게 자꾸 마시다 보니 어느새 떼낄라에 취해버렸다.

피리소리에 이끌려 미로를 헤매다

과나후아또Guanajuato는 아름답다. 눈을 어디로 돌려도 예쁜 것들 밖에 보이지 않는다. 구불구불 제멋대로 뚫린 골목길은 이제까지 거쳐온 아메리카의 다른 도시들과 전혀 닮은 구석이 없다. 거리는 즐거운 웃음과 음악, 낭만이 넘쳐난다. 신명이 절로 나는 흥겨운 도시이다.

보통 콜로니얼 도시들의 도로는, 특히나 도심부의 도로는 대개 직각 체계로 짜여졌다. 하지만 과나후아또의 도로는 온통 방향을 짐작하기 힘들 정도로 고불대며 휘어진다. 시내로 들어오면서 도로는 지하로 숨어 들어 차는 연신 터널로 들락날락하고, 사람들은 차에서 내려 계단을 타고 지상으로 올라와야 한다. 시내 전체가 터널 위에 얹혀 있는 듯한 착각이 들 정도다. 지상으로 올라와 시내를 거닐면서 다시 한번 놀라게 되는 것은 막힌 듯 이어지는 골목길이다. 모퉁이를 돌면 골목길은 숨겨놓았던 예쁜 장면들을 슬며시 보여준다. 어떤 곳은 너무 좁아 사람 하나 지나가기 힘들거나 이웃집 테라스가 맞닿아 버리기도 하지만 골목길은 막히는 법 없이 계속 이어진다.

이 좁은 골목길을 따라 올라 삐삘라에 올랐다. 삐삘라는 과나후아또를 굽어보며 횃불을 높이 쳐들고 있는 커다란 조각상이다. 삐삘라 밑에 앉아 그의 친구라도 되는 양 과나후아또의 전경을 바라보았다. 단순한 형태들의 수 많은 중첩, 그 위에 칠해진 알록달록한 멕시코의 색, 그 사이를 헤집고 얼기설기 뚫린 골목길, 그것을 가능케 한 오랜 시간의 흔적들…. 보면 볼수록 예쁜 추상화를 보고 있는 듯한 착각에 빠져든다. 누가 시킨 것도, 누가 시켜서도 만들 수 없는 원색의 향연, 멕시코가 아닌 그 어디에서 이런 풍경이 가능할까?

과나후아또의 아름다움은 여기서 그치지 않았다. 시내 외곽에서 발견한 작은 성당 발렌시아나는 눈이 시리도록 예뻤다. 거대한 유럽 성당 앞에서는 경외감으로 자신은 한없이 작아지는 느낌이지만 발렌시아나 성당의 그지도 작지도 않은 인간적 스케일은 오로지 편안하다.

성당의 외부는 조금씩 다른 색의 사암을 써서 넘치지도 모자라지도 않

을 만큼의 조각들이 아로새겨져 있었고, 성당 내부의 세 제단은 온통 금으로 만들어져 휘황하리만큼 화려했다. 18세기에 금광개발로 떼돈을 번 이의 헌사로 만들어졌다는 발렌시아나는 금과 은이 넘쳐나 번성하던 과나후아또의 모습을 잘 간직하고 있었다. 발렌시아나는 지금까지 본 것 중 가장 단아하고 예쁜 성당으로 내 마음속에 자리를 잡았다.

과나후아또에서 찾을 수 있는 건 아름다운 성당과 예쁜 골목길만이 아니었다. 전혀 기대를 하지 않고 찾아갔던 리베라 박물관에서 나는 오랜만에 '지적인 기쁨'을 맛보는 호사를 누렸다. 리베라 박물관은 원래 그의 생가를 개주하여 박물관으로 만든 곳이다. 멕시코 벽화에 관심이 많았던 나는 이곳에서 멕시코 벽화에 대해 기대 이상으로 많은 것을 보고 배웠다. 마침 그곳에서는 아뜰 박사의 특별전이 열렸다. 아뜰 박사는 바라간의 정원 작품에 이론적인 영향을 지대하게 끼친 사람으로 익히 알고 있었지만 그와 과달라하라, 바라간, 리베라, 오로스꼬의 관계는 여전히 의문스러웠다. 특별전에서 난 미심쩍었던 그들 사이의 연결 고리를 확인했다.

리베라는 마야 신화에 대한 이해가 깊었던 모양이다. 혹은 고대 멕시코 문명을 이해하려고 부단히 노력했다고 해야 더 맞을 듯하다. 그의 벽화에 등장하는 마야 신화에 대한 그림들이 오랜 연구의 결과물이라는 것을 전시된 초기 소품들을 통해 확인할 수 있었다. 그는 멕시코 고대 문명을 연구함으로써 현재 멕시코의 뿌리를 고대 마야 문명에서 찾으려 했다. 한편으로 벽화 화가로만 알려진 그가 후기 인상주의, 특히 모네나 당시의 국제적인 조류인 큐비즘에도 많은 관심을 가졌음을 알게 되었다.

저녁에는 빨래보따리를 들고 세탁소를 찾아 시내로 나섰다. 우연히 거리공연이 벌어진 것을 보고 한구석에 앉았다. 그러다가 가지고 간 커다란 세탁물 때문이었는지 난 삐에로에게 지목을 받게 됐다. 꼬마 한 녀석, 프랑스인 엘반과 함께 삐에로에게 발탁된 나는 초등학교 이래로 정말 오랜만에 공연을 하게 됐다. 주요 내용은 삐에로가 시키는 마임을 따라 하는 것이었는데

광장을 가득 메운 사람들 앞에서 30분 남짓 박수와 웃음이 끊이지 않는 즐거운 공연을 펼쳤다. 삐에로 공연이 끝나자 다른 한켠에서는 멕시칸 음악공연이 이어졌다. 마리아치 복장을 한 그들은 공연을 끝내고 마치 동화 속의 피리 부는 아저씨처럼 사람들을 이끌고 과나후아또 거리를 행진하기 시작한다. 사람들은 좁은 골목을 가득 메우며 피리소리에 홀린 듯 어디론가 이끌려갔다. 그들을 따라가면 이 미로 같은 골목길을 따라 영화로웠던 과거의 과나후아또로 다시 돌아가지 않을손지….

라틴의 크리스마스

12월에 시작한 라틴 여행, 중부 고원의 몇 도시를 거쳐 드디어 멕시코시티Ciudad de Mexico에 입성한 것이 라틴의 최대 명절인 크리스마스 이브였다. 크리스마스에 맞춰 멕시코시티에 온 것은 전국민의 90% 이상이 가톨릭 교도인 멕시코의 크리스마스는 어떤 모습일지 궁금했기 때문이었다. "멕시코에서 무엇인가 일어나면 그건 멕시코시티에서다"라는 말처럼 멕시코시티에서라면 멕시코의 크리스마스의 진풍경을 맛볼 수 있으리라 기대했던 것.

도착한 멕시코시티 북부 터미널은 많은 사람들이 가족을 보러 고향에 가는 탓인지 인파로 북적였다. 빌딩을 나무 삼아 크리스마스 트리를 꾸민 듯 거대한 크리스마스 장식과 네온사인이 온 거리를 뒤덮었다. 대목을 맞은 상가는 화들짝 활기가 넘쳐 난다. 재미있는 건 조금 과장해서 쇼핑하는 사람들만큼 많은 수의 경찰들이 시내 곳곳을 지키고 있다는 점이다. 멕시코시티에 가면 도둑이며 강도며 한껏 조심하라는 말을 숱하게 들었지만 경찰 탓인지 거리는 분주하지만 위험하지는 않아 보인다.

그런데 저녁이 되니 시내가 갑자기 텅 비어 버렸다. 소깔로(중앙광장)에서 공연이 있고 야시장이 열렸지만 경찰마저 떠나버린 거리는 으슥함마저 느껴지도록 조용해졌다. 저녁 늦게까지 아니 새벽까지 라틴 특유의 떠들썩한 축제 분위기 속에서 크리스마스를 즐길 것이라는 나의 추측은 완전히 빗나갔다. 사람들은 집에서 조용히 가족과 함께 크리스마스를 보내는 모양이다. 유일하게 사람이 붐비는 야시장도 가족 단위의 나들이 인파가 주류다. 그래서 야시장에서 가장 인기 있는 곳은 아이들과 부모가 동방박사와 함께 사진을 찍는 가게였다.

크리스마스 날 아침 소깔로에서는 크리스마스의 참뜻을 되새기는 듯, 가난한 이들에게 음식과 옷을 나누어주는 행사가 열렸다. 대도시의 화려한 네온사인 아래 얼에 들뜬 크리스마스는 가톨릭 국가인 멕시코와는 무관한가 보다. 라틴의 수도 멕시코시티의 크리스마스가 차분하고 조용하게 저물어 간다.

두 겹의 멕시코

멕시코시티는 원래 호수에 있던 아스텍의 수도 떼노치뜰란Tenochitlan 위에 건설된 도시다. 번성했던 아스텍 문명은 땅 속 깊숙이 묻혀버렸고 지금은 아스텍 건축물에서 떼어낸 돌로 지어진 콜로니얼 건물이 그 위를 딛고 서 있다. 소깔로 저 밑으로는 아스텍의 영화가 잠들어 있고 위로는 대형 멕시코 국기가 휘날린다. 사람들은 여기서 아스텍인도 스페인인도 아닌 '멕시칸'으로 살아간다. 현대적인 초고층 빌딩과 센뜨로를 빽빽히 메운 콜로니얼 건축물, 아스텍 전통복장을 하고 과거의 그들처럼 향불을 피워 의식을 행하는 인디언들, 챙 넓은 모자에 말을 타고 한껏 남자다움을 뽐내는 가우초들…. 멕시코시티는 고대의 찬란했던 문화, 식민지 시대의 번영, 현대의 발전과 쇠락이 공존하는 멕시코 자체였다.

쇠락한 과거 변치 않는 자연

멕시코시티에서 딱스꼬Taxco까지 가는 길엔 무장강도가 빈번하게 출현한다. 그래서 겨우 두어 시간 남짓 가는 길에 절차가 꽤나 복잡하다. 일단 출발 30분 전까지 터미널에 도착해야 한다. 그리고 개인 휴대품을 제외한 모든 짐을 매표소에 맡기면 엑스레이 검사를 마치고서야 짐칸에 실린다. 개인 휴대품도 엑스레이 검사 후 관공서에서 나온 듯한 직원에게 재차 내용물을 보여줘야 한다. 모든 절차를 마친 후 좌석에 앉으니 얼굴을 가린 버스회사 직원이 캠코더를 들고 차에 오른다. 무얼 하나 싶었는데 이번엔 승객들 얼굴 하나하나를 캠코더에 담는다. 겨우 두어 시간 타는 버스 검색이 공항 검색보다 더 철저하다니!

쇠락한 과거의 도시. 딱스꼬의 첫 인상은 그런 느낌이었다. 은으로 생겨난 딱스꼬는 은이 다해버린 지금 이젠 그 자취만으로 힘겹게 살아간다. 과나후아또에 견줄 만한 아름다움을 기대했던 건 애초부터 과욕이었나 보다.

깊은 산 속의 꼬불꼬불한 골목길에서 은을 파는 백색의 도시, 그곳이 딱스꼬였다. 딱스꼬는 한 시간이면 어디가 어디인지 대강 알 수 있는, 길을 잃을 염려가 부질없는 작은 도시였다.

과나후아또처럼 거미줄 같은 골목길이 이어지지만, 하얀 회벽과 황토색 스페니쉬 기와로 이뤄진 도시 모습은 과나후아또와는 사뭇 다르다. 골목길에는 여느 역사도시처럼 코블(검은 자갈)이 깔려 있지만 군데군데 패인 모습이 은 경제가 소멸해버린 소도시의 궁핍함을 보여주는 듯했다. 하지만 썩어도 준치라고 길 양편으로 빼곡하게 들어선 은 가게들과 그 숫자만큼이나 다양한 디자인과 가격대의 은제품들은 이곳이 은으로 번성했던 곳임을 짐작케 한다. 별 볼 일 없는 딱스꼬지만 오로지 이런 은 가게에 들러 장신구를 사려고 관광객들이 몰려든다.

반나절 만에 시내를 두 번이나 돌고 시간을 때울 요량으로 딱스꼬에서 40분 거리라는 동굴로 향했다. 여행안내서에는 82미터나 되는 높이에 길이가 무려 2킬로미터라고 소개된 곳이지만, 사실 안내서 특유의 허풍이려니 싫어 별 기대를 안 했다. 게다가 여행자들 사이에 널리 알려진 곳도 아니었고 가는 버스마저 영 엉망이어서 얼마나 망설였는지 모른다. 하지만 막상 도착한 동굴 입구는 엄청난 수의 멕시칸들로 북새통이었다. 내국인에게는 꽤나 유명한 국민관광지였던 것.

'장관' 이라는 말은 이런 때 쓰는 것이려니 싶을 만큼 장관도 그런 장관이 없었다. 기기묘묘한 모습의 거대한 종유석들로 가득한 동굴은 쳐다보느라 고개가 아플 만큼 높은데다가 걸어도 걸어도 끝이 보이질 않았다. 왕복 두 시간이나 걸리는 석회 동굴은 내부에 공연장과 종유석 모양의 화장실이 있을 정도로 장엄한 크기였다. 멕시코는 미국보다 작은 국토를 가졌지만, 구석구석 아름다운 자연과 문화가 숨어 있다는 걸 또 한번 느낀 하루였다.

멕시코의 골목골목

바라간의 작은 교회

하염없이 눈물이 흐른다. 무엇이었을까? 20여 분을 펑펑 울고서야 겨우 진정할 수 있었다. 한 장의 그림도, 한 곡의 노래도 나에게 이런 감동을 준 적은 없었다. 예전에 건축가 김광현 선생이 그러셨다. "그곳엔 신이 있었다!" 신이 없다고 생각하진 않지만 별다른 신앙심도 없는 나였건만 그곳에 들어선 순간 주체할 수 없는 경건함에 눈물을 보이고야 말았다. 이곳은 정말 사람이 만들어 낼 수 있는 그런 곳이 아닌 것 같았다. 움직일 수도 없어 난 그저 예배당 한켠에 앉아 묘약에 취하기라도 한 듯 계속 눈물만 흘렸다. 그야말로 하염없이…. 한참이 지났다. 문득 그런 내 모습이 부끄러워 억지로 눈물을 추슬렀다. 바라간의 작은 교회는 무신론자의 바싹 마른 눈물샘마저 열어 영혼 깊은 곳을 적시게 했다. 이곳이 바로 꿈에도 그리던 까뿌치나스 수녀원의 작은 교회이다.

까뿌치나스 수녀원 방문은 7년이라는 오랜 기다림만큼이나 쉽지 않았다. 버스와 지하철, 뜨렘을 여러 번 갈아타고 길을 잘못 들기를 몇 차례, 지성이면 감천이라고 친절한 성당지기의 도움으로 드디어 수녀원에 도착할 수 있었다. 수녀원은 주위의 집들과 전혀 구분되지 않는 겸손한 모습으로 나를 맞았다. 문을 들어서니 깊이를 알 수 없는 검은 색 물확이 눈길을 끈다. 높은 벽으로 둘러싸인 빠띠오는 오직 하늘로만 열려 있었고 물확에는 바로 그 하늘이 파랗게 내려와 있었다. 단지 문을 하나 넘었을 뿐인데 수녀원의 안뜰은 딴 세상처럼 고요하고 평화로웠다. 수녀님을 따라 작은 교회 안으로 들어섰다. 격자 창살을 넘나드는 어슴푸레한 노란 빛깔의 공기, 빗겨선 십자가의 존재를 알리는 벽 너머 저편의 성스러운 빛, 그리고 예수상을 대신한 제단의 황금빛 괴리츠Goeritz 그림…. 수녀원의 작은 교회엔 형언할 수 없는 신성이 깃들어 있었다. 대체 무엇일까, 이곳을 이리도 경건하게 만드는 것은? 벤허를 만들었던 윌리엄 와일러 감독의 말이 떠올랐다. "신이여 이 영화를 제가 만들었나이까?" 바라간의 심정도 그와 같지 않았을는지…

David Alfaro Siqueiros

멕시코 여행의 주요한 테마 중 하나는 멕시코 벽화를 보는 것이었다. 과달라하라와 과나후아또, 그리고 멕시코시티에서 멕시코 벽화 3대 거장의 작품을 만났다. 멕시코 벽화 3대 거장은 프리다 칼로의 남편으로도 잘 알려진 디에고 리베라Diego Rivera, 과달라하라가 고향인 호세 끌레멘떼 오로스꼬José Clemente Orozco, 다비드 알파로 씨께이로스David Alfaro Siqueiros다. 멕시코 벽화는 1920년대 당시 교육부 장관이 젊은 화가들이었던 이들에게 멕시코 역사와 문화를 알리고 사회와 기술의 시대적 변화를 계몽하려고 공공건물에 정치적 선전물들을 그리게 함으로써 유명해졌다.

멕시코의 벽화

현재 멕시코의 벽화 문화는 세계적으로도 독특한 문화적 위치를 차지한다. 지하철역과 거리에 그려진 벽화들과 건물 전체를 덮고 있는 강렬한 색조의 그림들은 세계 다른 어디에서도 볼 수 없는 독특한 풍경이다. 벽화들은 콜로니얼 시대 이전의 역사적 사실이나 정치적 내용을 담고 있으며 간혹 눈에 띄는 건물 전면을 장식하고 있는 그로테스크하고 거대한 부조나 설치 작품은 다분히 이국적인 느낌을 자아낸다.

Juan O'Gorman

Diego Rivera

David Alfaro Siqueiros

· 리베라의 작품은 아스텍과 마야, 스페인의 침략자를 모두 하나의 멕시코로 통합하려는 의도가 강하다. 그의 그림은 서사적이어서 많은 수의 인물이 등장하고 기본적인 멕시코 역사를 알지 못하면 이해하기 힘든 면이 있다. 또 그의 그림은 좌익 성향이 매우 강하고 자신과 부인인 프리다를 그림의 곳곳에 넣는 유머를 보여주기도 한다. 과나후아또의 리베라 박물관에 전시된 그의 소품을 통해 멕시코 고대 문화를 이해하려는 그의 노력을 알 수 있고, 대통령궁과 멕시코시티의 리베라 박물관에 가면 그의 대표작을 만날 수 있다.

· 씨께이로스는 리베라보다 훨씬 직설적이고 강렬한 색채로 맑스주의의 이미지를 표현했다. 그의 그림은 강하고 단순명료하며 만화 같은 직설적인 상징성으로 압제자를 표현한다. 베야스 아르떼스(국립예술원)와 교육부 궁륭에서 만난 그의 작품을 통해 그의 작품세계를 단적으로 알 수 있었고, 멕시코 국립대학 중앙도서관 맞은 편의 그의 부조 작품은 매우 독특하여 깊은 인상을 받았다.

· 오로스꼬는 두 사람에 비해 정치적 색채가 약한 편이다. 그는 정치적인 표현보다는 보편적인 인간 자체에 초점을 맞추고 작업하였다. 과달라하라의 주청사에서 처음 만나 멕시코 벽화에 매료되게 했던 그의 작품들은 인간의 문명, 문화, 제도에 대한 깊은 성찰을 담고 있다. 과달라하라의 상처받은 이들의 집(Hospicio Cabañas)과 멕시코시티의 싼일델폰소 박물관(Museo de San Ildelfonso)에서 그의 많은 벽화들을 볼 수 있다.

José Clemente Orozco

꼭꼭 숨겨놓은 보물

시내를 벗어나 산등성이에 오르자 분지를 가득 메운 검은 스모그 아래 깊이 가라앉은 멕시코시티가 한눈에 들어온다. 악명 높은 멕시코의 스모그는 서울보다 훨씬 두껍고 짙다. 스모그가 얼마나 심했으면 주위를 에워싼 산에 구멍을 내자는 둥, 헬리콥터로 스모그를 도시 밖으로 배출시키자는 둥의 이야기가 나왔을까.

와하까Oaxaca까지 가는 길은 아름다웠다. 처음 눈에 들어온 건 높이 5,286미터의 이차치우아뜰, 5,452미터의 꼬꼬빠데뻬뜰, 두 화산이었다. 평탄한 고원에 우뚝 솟은 두 화산의 눈 덮인 정상께에 구름이 살짝 걸렸다. 그 중 꼬꼬빠데뻬뜰은 2001년까지 8킬로미터 높이의 화산재를 뿜어냈다. 예쁘게만 보이는데 폭발하면 인근 3,000만 명에게 피해가 간다니 상상만 해도 끔찍하다. 한 시간쯤 달리니 아메리카 대륙에서만 자생하는 캑터스로만 이뤄진 숲이 나온다. 신인장 숲이 있나니! 밤송이 머리 모양으로 키를 훌쩍 넘는 캑터스가 온 산에 촘촘히 박힌 모습이 무척 낯설다. 불현듯 내가 참 멀리도 왔구나 싶다.

와하까에 도착했다. 상상했던 와하까는 시내 전체가 화려한 색으로 가득 찬 콜로니얼 도시였다. 그런데 차로 북적대는 잿빛 거리의 와하까는 너무나 평범한 예사 도시의 모습이다. 소깔로에서 싼또도밍고 성당까지 깔끔하게 조성된 보행자몰에 멕시칸 컬러 특유의 강한 원색 건물이 이어지긴 하지만 그리 오래지 않아 끝나 버린다. 와하까가 평범한 도시는 아니라고 해도 숱하게 들었던 아름다움에 대한 칭찬과 풍문에 비하면 사뭇 실망스럽다.

생각보다 작은 도심 구경은 금방 끝나버렸고 시간을 보내려고 무심결에 공예품 가게에 들어섰다. 가게에선 베틀로 정성 들여 짠 예쁜 직물을 팔고 있었다. 이 기하학 무늬가 말로만 듣던 인디언 문양인가 보다. 손으로 만든 가방도 인디언 전통의 냄새가 물씬 풍긴다. 게다가 인디언 공예품들은 단지 전통의 재현에 머무르지 않고 현대적 감각으로 매우 세련되게 다시 태어났다. 숨겨진 예쁜이들을 찾아보는 재미에, 지레짐작으로 비슷할 것이라며 그냥 지나쳤던 다른 가게들을 되짚어 들렀다. 평범해 보이는 겉모습과는 달리 각 가게들은 화려하고 아름다운 것들을 꼭꼭 감춰두고서 저마다의 개성으로 넘실거렸다. 빠띠오를 활용한 깜찍한 분수를 갖춘 레스토랑부터, 독특한 실내장식을 한 서점, 맘에 쏙 드는 그림을 발견한 화랑까지, 와하까의 진짜배기는 대문 너머 깊숙한 곳에 은근하고도 화사하게 숨겨져 있었다.

그러고 보니 와하까는 인디언의 화려한 전통과 콜로니얼 유산을 잘 조화시켜 부가가치를 높인 느낌이다. 공예품의 질은 무척 높고 가격은 만만치 않으며 이들은 콜로니얼의 유산인 빠띠오 안에 세련되게 전시된다. 와하까는 무뚝뚝해 보이는 첫 인상과 달리 진짜 보물을 소중히 간직하고 있는 그런 곳이었다.

원색의 조화로움

멕시코에서 행복한 또 하나의 이유는 바로 민예품 구경. 인디언 민예품들은 싸고 다양하다. 와하까의 공예품들은 포장이 잘 된 백화점 물건 같다. 세련된 마무리에다 품질이 썩 빼어나지만, 왠지 가까이 하기에 부담스러워 설령 맘에 드는 물건을 집어 들었다가도 가격을 물어보고 슬그머니 물건을 내려놓아야 했다. 하지만 싼끄리스또발의 인디언 민예품들은 가격이 와하까의 절반에 지나지 않음에도 불구하고 예쁜데다 친근해서 물건 구경이 한결 즐겁다.

인디언의 공예품은 부족별로 저마다의 특색이 있다. 떼어놓으면 화사함이 지나쳐 되바라져 보일 법한 색깔들인데 공예품 위에 제 자리를 잡으니 묘하게도 잘 어울린다. 그 중 가장 시선을 끄는 것이 한 땀 한 땀 수놓은 옷들이다. 옷의 색과 문양은 부족의 상징이자 표식이 되어 각 부족을 구별한다. 그 밖에도 인디언 인형, 화려한 색실로 꼰 허리띠, 마야와 아스텍의 문양을 그린 혁필화가 눈에 띈다.

쭉 늘어선 민예품 좌판을 보고 나도 여분의 비치타월을 가지고 나와 팔면 어떨까 하는 맘이 생겼다. 부피도 큰데다 여행 중 아무짝에도 쓸모없이 부피만 커서 짐이 되고 있던 터였다. 더듬거리는 스페인어로 상인들과 흥정하기를 여러 차례, 한국에서 가져온 최고 품질의 제품이라는 사실을 강조해 드디어 한 상인과 물물교환 조건으로 타월을 파는데 성공! 거기에다 돈을 조금 보태 아스텍의 태양력을 인두로 꼼꼼히 지져 그린 혁필화 한 점을 샀다.

인디언 여인들의 한맺힌 절규

조그만 도시 싼끄리스또발 델라스까사스San Cristobal de Las Casas는 시간이 흐를수록 묘하게 마음을 사로잡는다. 이제까지의 멕시코 도시들과 달리 거리는 아연 밝아졌고 차로 북적대지 않는다. 싼 물가와 맛있는 음식이 있어 여행자는 더욱 행복하다. 멕시코시티는 물론이고 와하까나 과달라하라, 딱스꼬에 비해서도 차가 적은 거리엔 야트막한 스페니쉬 지붕을 한 단층, 높아야 2층인 건물들이 밝은 얼굴로 늘어서 있다. 싼끄리스또발의 길 또한 여느 멕시코 도시와 달리 저 먼 길끝까지 한눈에 들어올 정도로 곧고 늘씬하게 뻗어 있다.

멕시코의 인디언들은 아직도 자신들의 생활방식과 언어들을 그대로 고집하며 살아간다. 고집하는 게 아니라 그저 늘 예전처럼 사는 것이 편해서

그리 사는 것이리라. 많은 인디언들은 한 마디의 스페인어도 모른 채 자기 부족 말만 쓰고 산다. 사내들은 소를 몰고 밭에 나가 일을 하고, 엄마들은 여전히 아기를 포대에 싸서 등에 업고 다닌다.

차물라Chamula 인디언 마을에서 만난 세 살 짜리 인디언 꼬마가 외치던 'Un foto, un peso' (사진 찍으려면 1뻬소 줘)는, 사진이 찍히면 영혼이 빼앗긴다고 생각하면서도 단돈 일 뻬소에 영혼을 팔아야 하는 그네들의 고단한 삶을 대변한다. 그런 꼬마가 귀여워서 바싹 붙어앉아 이것저것 물었더니 'Un foto, un peso' 를 외치던 기세는 어디 가고, 수줍어서 말을 제대로 잇지도 못한다.

인디언은 천주교에 토속신앙을 덧붙여 자기들만의 종교로 만들어버렸다. 그들이 가톨릭이라 말하는 그네들만의 종교는 십자가와 마리아를 공유할 뿐, 과연 이게 천주교인지 무속신앙인지 헷갈린다. 컴컴한 성당 안을 가득 메운 촛불, 매캐한 연기, 그리고 인디언 여인들의 한 맺힌 절규들. 인디언 마을 차물라 성당에 들어서는 일은 그처럼 등골이 오싹해지는 경험이었다. 그들은 악귀를 쫓기 위해 꼬까(코카콜라)를 사용했고, 성당 안은 수많은

꽃과 각종 장식으로 꾸며진 것이 얼른 우리네 무당집을 연상시켰다. 게다가 바닥에는 무슨 이유에서인지 솔잎을 깔았다. 인디언들의 '가톨릭'은 그렇게 버전이 달랐다.

저녁 무렵이 되자 이 조그만 인디언 마을 광장에 온 동네 청장년들이 모두 모이는 듯 많은 사람들이 몰려들었다. 하나같이 뽄초(양털로 만든 도롱이 모양의 거적)를 입고 파나마 모자를 쓰고 어깨에 총을 메었다. 그리고 어디론가 트럭을 타고 무리를 지어 이리저리 흩어져 나간다. 며칠 전 우연히 본 텔레비전에서 이곳 치아빠스의 게릴라 뉴스를 접할 수 있었다. 차물라 마을에서는 아직도 싸빠띠스따Zapatistas(인디언 중심의 무장 농민 반군) 반군의 긴장감이 물씬 느껴진다. 해는 뉘엿뉘엿 넘어가고 석양 속으로 총을 메고 흩어지는 사내들의 실루엣은 여행자의 등골을 오싹하게 한다.

파아란 십자가와 거기에 걸린 솔가지들, 사진을 찍는 나에게 알 수 없는 인디언 말로 크게 고함치던 인디언 여인, 조는 아이를 업고 어디론가 부지런히 걸어가는 엄마의 뒷모습, 평생 안 웃었을 것 같은 동네 경찰의 섬뜩한 인상, 그런 것에 아랑곳하지 않는 장난기 가득한 아이들의 때 탄 얼굴들…. 차물라는 시간의 저 만치에 떨어져 있는 듯했다.

여자들의 섬

오랜만에 늘어지게 자고 일어나 오토바이 하나를 빌렸다. 이 조그마한 섬 이슬라무헤레스Isla Mujeres 즉 '여자들의 섬' 에서는 오토바이가 그야말로 안성맞춤이다. 오래전 울릉도에서 오토바이로 섬을 누비던 기억이 새록새록 떠오른다. 스쿠터는 한두 번 타 본 게 전부라 처음엔 내심 불안했다. 하지만 워낙 관광의 세례를 받은 섬인지라 거리는 골프카트와 오토바이로 넘쳐났고, 거기에 나 하나 보탠다고 별 문제는 없을 성싶었다. 헌데 이런, 얼마 못 가서 뒷바퀴가 '빵' 터져버렸다. 늦게 빌렸다고 깎은 돈을 택시비로 날렸지만, 바람을 가르고 시원한 바다경치를 즐기며 달리는 이 상쾌함은 그런 사소한 짜증거리쯤이야 유쾌한 에피소드로 둔갑시킨다. 에메랄드 빛 맑은 카리브해와 그 바다가 제 몸빛으로 빚어낸 듯 아름다운 하늘, 털털털 그 길을 달려가노라니 나도 어느새 그 어여쁜 풍경의 한 자락으로 녹아드는 기분이다.

달려 달려 섬의 끝까지 왔다. 섬 끄트머리에는 마야인들이 만든 작은 제단이 하나 있고, 그 옆으로는 이구아나 가족이 분주하다. 절벽 끝에 종종종 앉은 녀석들은 마치 그곳 조각공원에 설치된 작은 동상 같았다. 다시 달리다가 예쁜 해변을 만나 차마 그 유혹을 떨치지 못하고 옷을 훌훌 내던지고 바닷물에 뛰어들었다. 유리같이 맑은 푸른 빛의 바다물, 찰랑이는 하얀 포말과 뽀얀 산호 백사장. 그곳에서 펠리칸이 나는 것을 보았다. 펠리칸은 여유롭게 원을 그리며 빙빙 돌다가 수직으로 물에 뛰어든다. 대여섯 마리의 펠리칸은 나를 위한 쇼를 펼치듯 번갈아가며 물에 자신을 내던진다. 아름답다. 멍하니 펠리칸 쇼에 취해 하루를 보내다 해 질 무렵에야 아쉬움을 접고 그곳을 떠났다. 커다란 날개를 펼쳐 우아하게 날던 펠리칸은 '여자들의 섬'이 나에게 준 선물이다.

치첸이싸
욱스말
우수마씬타
띠깔
떼오띠우아깐
아구아깔리엔떼
몬떼알반
빠나하첼
떼구씨갈파
치치까스떼낭고
꼬빤

과 테 말 라 | 온 두 라 스

[Guatemala]
[Honduras]

Usumacinta
Panajachel
Chichicastenango
Agua Caliente
Tegucigalpa
Utila

정글의 강을 거슬러 과테말라로

벨리스Beliz(카리브 연안의 중남미를 통틀어 영어가 공용어인 유일한 나라) 비자가 없었던 나는 깐꾼에서 과테말라까지 둘 중 하나의 길을 골라야 했다. 하나는 깐꾼에서 비행기를 타고 과테말라의 띠깔Tikal로 날아가는 방법이고, 다른 하나는 다시 빨렝께로 가서 정글을 거쳐 띠깔로 들어가는 방법이다. 나는 주저 없이 두 번째 길을 택했다. 값도 싼데다 정글 사이에 굽이치는 물길을 거슬러 배로 국경을 넘는 일은 상상만으로도 그 얼마나 낭만적인가?

깐꾼에서 빨렝께까지 지루한 밤버스를, 빨렝께에서는 다시 꼴렉띠보와 택시를 갈아타고서야 드디어 멕시코와 과테말라 사이를 흐르는 우수마씬타Usumacinta강에 도착했다. 뭔가 그럴싸한 검문시설이 있으리라 상상했으나 강가는 국경이 주는 긴장감을 전혀 느낄 수 없는 평범한 시골마을이었다. 군인들은 심심하던 차에 신나는 일이라도 생겼다는 듯 외국인들만 골라 재미 삼아 검문을 했다. 간단한 소지품 검사였지만 국경 군인들에 대한 숱한 소문을 익히 들었던 터라 나는 사뭇 긴장했다. 허나 예상과 달리 검문은 싱겁게 끝났고 오늘 안에 띠깔까지 가야 한다는 조바심에 그만 비싸게 뱃삯을 치르고 조그만 배에 올랐다.

정글의 색을 머금어 깊이를 알 수 없는 강물은 쉭쉭 소리를 내며 빠르게 흐른다. 그 물살을 거스르느라 보트는 방향을 잃고 틀어지거나 갑자기 덜컥 멈추기 일쑤다. 그때 난데없이 떠오른 생각. "저 뱃사공이 지금 강도짓이라도 한다면…." 짙은 물빛처럼 속수무책으로 막막해졌다. 건장해 보이는 뱃사공을 내가 당해낼 수 있을까? 게다가 여긴 인적이라고는 찾아볼 수 없는 정글 한 가운데가 아닌가? 내 상상력은 어이없게도 정글을 흐르는 강에 빠져 악어밥이 되는 장면까지 치달렸다. 굳은 표정의 뱃사공은

키만 잡고서 한마디 말이 없고 내 등에는 식은 땀이 흘렀다. 배 안에는 나만 아는 긴장감이 아연 감돌았다.

다행히도 건너편 과테말라 땅은 생각보다 가까이 있었다. 사십여 분 강을 거슬러 올라 드디어 맞은 편 과테말라 땅 베뗄Bethel에 닿는 순간, 나른한 안도감이 몰려왔다. 그렇게 팽팽한 긴장감을 헤치고, 정글을 흐르는 강을 가르고, 나는 두 번째 라틴 나라 과테말라에 입성했다.

빠나하첼의 소박화(비전문인이 그린 민화)

닭장버스의 곡예사들

띠깔Tikal에서 과테말라시티Ciudad de Guatemala까지 가는 버스는 텔레비전까지 갖추었을 만큼 제법 번듯했다. 그 텔레비전에서 보여준 영화는 눈이 번쩍 뜨이게 놀라웠다. 세상에나! 짤따막한 키에 검은 머리의 인디언 아가씨가 주인공으로 나오다니! 멕시코에선 드라마나 영화에 단역이라도 인디언 아가씨가 등장하는 경우가 매우 드물었다. 멕시코 거리에 넘쳐나는 땅딸한 마야인의 후예들 대신 텔레비전은 항상 늘씬하고 쭉쭉빵빵한 아가씨들만 보여줬다. 그런 멕시코에 견주자면 과테말라는 한결 인디언 국가에 가까운 셈인가?

과테말라시티에 내려 바로 빠나하첼Panajachel로 가기로 했다. 출발지에 따라 터미널이 제각각인데다 새벽에 도착해서 어딘가 어딘지 오리무중이다. 택시를 타고 빠나하첼 가는 버스가 있는 곳으로 가자고 했다. 택시기사에게 몇 번씩 확인을 하고 다시 버스기사에게 빠나하첼 가는 것인지 또 확인했다. 버스는 이제까지 한번도 본 적이 없는 낯선 모습이다. 이게 그 유명한 중미 닭장버스Chicken Bus구나!

닭장버스는 미국과 캐나다의 퇴물 스쿨버스를 수입하여 고쳐 쓰는 중미의 대중교통 수단이다. 어떤 것들은 개조하지 않고 원래 차체의 노란색과 빨간색 'stop' 표시를 그냥 둔 채 운행한다. 멕시코에선 못 봤는데 과테말라에 오니 '대중교통 = 닭장버스'가 공식화된 느낌이다.

닭장버스는 혀를 내두를 정도의 효율성을 자랑한다. 각종 화물부터 농작물, 심지어 염소나 닭 같은 가축까지 닭장버스에 못 실을 짐이란 없다. 이미 콩나물 시루 같다 해서 승객이 더 못 타는 경우도 없다. 차장은 달리는 버스의 앞문을 열고 행선지를 외치며 아무 곳에서나 사람을 태운다. 사람이 타는 사이 차장은 어느새 짐을 들고 지붕에 올라갔다 뒷문을 통해 버스 안으로 다시 들어온다. 모든 일은 달리는 버스에서 서커스처럼 이뤄지고 기사와 차장의 호흡은 거의 예술적 경지다. 버스 안은 끊임없는 음악 소리로 왁자하고 기사는 꼬부랑 고갯길을 온몸을 던져 마치 곡예 하듯 차를 몬다. 정말 닭장처럼 빽빽하게 사람이 올라탔지만 놀랍게도 차장은 모든 승객을 내릴 곳에 정확히 내려주고 각자의 짐도 잘 찾아줄 뿐더러 요금도 정확하게 받아낸다. 그리고 그토록 바쁜 와중에도 관광객인 나에게 멀리 화산을 보라면서 안내하는 것도 잊지 않는다. 차장의 기억력은 이런 상황에 맞게 진화했나 보다. 정말 대단한 닭장버스가 아닐 수 없다.

그런데 아뿔싸, 이 정신 없는 닭장버스가 두 시간 반의 서커스 끝에 나를 내려준 곳은 빠나하첼이 아니었다. 빠나하첼로 가는 버스를 갈아탈 수 있는 교차로 같은 곳이었다. 택시기사도 버스기사도 모두 날 속인 겐가? 나중에 알고 보니 직접 가는 버스는 띄엄띄엄 있었고, 이렇게 가는 게 갈아타기는 하지만 계속 버스편이 이어지는 방법이었다. 덕분에 정말 원도 한도 없이 닭장버스를 탔다.

화려한 색동의 넘실거림

치치까스떼낭고Chichicastenango는 마을 전체가 원색으로 물든 곳. 형형색색 발랄한 색감의 아름다운 인디언 직물들로 가득 찼다. 과테말라의 인디언 땅 치치는 대도시의 세련미 대신 투박한 화려함으로 넘실거린다. 온갖 원색이 넘침에도 불구하고 값싸 보이거나 외설스럽지 않고, 난해한 사상이나 이념과는 전혀 무관하게 오로지 생활의 일부로 녹아든 인디언들의 색…. 인디언들은 왜 이토록 화려한 무늬에 집착하는 걸까? 우리 옷의 색동이 우리 눈에 어여쁘듯 인디언들도 그런 면에서 우리와 같은 심미적 유전자를 지닌 건 아닐까?

이 앙증맞은 마을 치치에 이렇게 수공예품이 많은 건 또 왜일까? 와하까나 싼끄리또발에서 보았던 인디언 수공예품보다 한결 빼어난 민예품들이 이곳 치치에선 아주 헐값에 팔린다. 화려하다는 수사만으로는 부족한 갖가지 아름다운 문양들의 옷, 가방, 스카프, 머리 끈, 허리띠들. 치치의 인디언들은 이 현란하지만 눈에 거슬리는 법 없는 색 덩어리들을 자신의 몸에 두르고 또 그것을 생계수단 삼아 살아간다.

화사한 인디언 색동으로 출렁이는 치치의 거리에서 유독 눈에 띄는 할머니 한 분이 있었다. 넘실대는 관광객들, 그들의 떠들썩함과 연신 터지는 셔터소리에도 아랑곳하지 않고 성당 앞에 선 인디언 할머니는 연신 무언가를 태우면서 기도를 올린다. 치치까스떼낭고가 관광객의 눈에 어떻게 비칠지언정 할머니에게 치치는 그저 감내하며 살아가야 하는 고단한 삶의 터전일지 모르겠다.

그들만의 천주교

인디언들의 신앙은 참으로 신실하다. 이 종교를 과연 무어라 불러야 할지 아리송하기는 하지만…. 스페인이 전파한 천주교에 인디언들은 고유의 무속신앙을 덧보탰다. 아니 거꾸로 말해야 더 맞을지 모르겠다. 전통 무속신앙을 기본 삼아 외래의 천주교가 더해진 거라고. 멕시코의 차물라 성당에서 접했던 그 주술적인 기괴함은 이곳 과테말라에서도 어김없이 이어졌다. 성당 안을 가득 메운 매캐한 연기, 영혼이 떠린인 양 일렁이는 촛불, 인디언 여인들의 한 서린 통곡…. 그래서인지 맨 처음과 마지막에 꼭 긋는 성호는 상투머리에 백구두처럼 어색해 보였다.

인디언의 무속신앙과 천주교가 어떻게 만났는지를 보기에는 싼띠아고 아띠뜰란의 막시몬 Maximon이 제격이다. 막시몬은 지방에 따라 이름을 달리 하지만 크게 보아 인디언들의 '중간신' 정도 되는 존재다. 아띠뜰란 호숫가의 작은 마을 싼띠아고에서 운 좋게 주술로 병자를 치료하는 장면을 목격했는데 그 모습이 우리네 무당의 굿판과 흡사했다.

박수무당의 계속되는 주문, 무당의 입에서 병자의 얼굴로 뿌려지는 으깬 열매의 혼합물, 주문 중에 막시몬에게 거듭거듭 바쳐지는 담배(입에 물리고 불도 붙인다), 막시몬을 꾸민 화려한 넥타이와 스카프들, 주술 후에 병자에게 처방되는 정체불명의 약과 액체, 그런 현장을 에워싼 예수의 십자가상과 관, 검은 얼굴의 성모 마리아, 곡물을 태운 자욱한 연기, 방안 가득 흐느적대는 촛불, 무당이 주술하는 동안 연신 깔깔대며 떠들어대다가 막시몬에게 바쳐졌던 코카콜라와 맥주를 돌려 마시는 사람들…. 정말! 카오스다.

과연 이 종교를 천주교라 불러야 하나? 자신들의 또 다른 신으로 만들어버린 검은 얼굴의 성모는 우리가 알고 있는 마리아인가? 주술치료를 받고 얼굴에 술을 뒤집어 쓴 채 기뻐하는 환자를 뒤로 하고 머리가 멍해진 채로 그곳을 나왔다. 돈 몇 푼 바라고 나를 그곳으로 데려간 '삐끼' 꼬마 이스라엘이 저처럼 밤톨만한 동네 친구들에게 그 몇 푼으로 요란하게 한 턱을 쓰고 있었다.

3-18

'삐끼' 꼬마 이스라엘

뼛속 깊이 어딘가에

과테말라의 자연은 그들이 아무렇게나 버리는 거리의 쓰레기와는 달리 성스러울 만큼 아름답다. 고대 마야의 문명은 그 신령한 자연 속에 깊숙이 숨어 보석처럼 영롱하게 빛난다. 마야인들은 떠나갔지만 원숭이의 울부짖음 요란한 정글에 옛 영화의 흔적을 간직한 마야 유적은 기적처럼 남았다. 바다 같은 아띠뜰란 호수의 맑은 물은 옛 자존심과 번영을 잃어버려 관광객들에게 '우노께찰' Uno Quetzal(한푼만 주세요)을 외쳐대는 마야 꼬마들을 더욱 측은해 보이게 한다. 뼛속 깊숙이 어딘가에서는 아직도 고대 문명의 기억들이 별처럼 반짝이고 있으련만…. 그들은 하루 종일 아니 며칠을 걸려 예쁘게 짠 색색의 수공예품들을 한아름 둘러메고 단 돈 몇 께찰을 벌고자 오늘도 정처 없이 거리를 헤매일 터이다.

온두라스의 뜨거운 물

시장에서 달걀과 감자를 사서 픽업 트럭을 타고 꼬빤Copan에서 그리 멀지 않은 아구아깔리엔떼Agua Caliente에 갔다. 아구아깔리엔떼는 '뜨거운 물' 이란 뜻으로 말처럼 온천으로 유명한 곳이다. 나는 왠지 화산 지대에 위치한 이곳의 온천에서 땅에서 펄펄 끓는 물이 솟구치는 모습을 만날 수 있을 것만 같았다. 그런데 이런, 온천은 평범해 보이는 수영 풀 둘이 고작, 내 달걀과 계란은 어디다 삶아 먹는담?

하지만 실망하기엔 일렀다. 낙담하는 내 마음을 알았는지 관리인이 산 중턱에 가면 온천물 솟는 곳이 있다며 위치를 알려준다. 일러준 표지판을 따라 산을 수백 미터쯤 올라가니 홀연 사위에 수증기가 자욱하다. 바닥의 낙엽더미에서도 뜨거운 증기가 계속 올라온다. 흐르는 물을 만져보니 매우 뜨겁다. 물이 솟는 곳 가까이 왔나 보다.

주위를 둘러보다 드디어 물이 콸콸 솟구치는 곳을 발견! 처음 보는 자연 상태의 온천이다. 주위는 증기탕 속처럼 뿌옇고 이젠 물에 손을 담글 엄두가 안 난다. 감자와 달걀을 삶으리라는 일념으로 뒤끓는 물 가까이로 조심조심 한발한발 옮겼다. 미끄러지면 사망이다. 한증막에 들어온 듯 열기가 후끈하다. 감자와 달걀이 익는 동안 천연 증기욕을 즐겼다. 10분쯤 지나 달걀을 꺼내 먹고 또 10분 뒤엔 감자도 해치웠다. 백두산 천지 어드메에서 온천물에 달걀을 삶아 먹는다는 말이 얼마나 신기했던가? 나도 꼭 한번 해보리라 다짐했는데, 온두라스의 '뜨거운 물' 에서 그 꿈을 이룰 줄이야!

한 시간 이상 증기욕을 하고 산을 내려와 냇물과 온천물이 만나는 곳에서 온천욕을 즐겼다. 직접 돌을 쌓아 물을 가두고 온천욕을 하니 인공적으로 만들어진 풀에서보다 더 운치가 난다.

냇물엔 나말고 남녀 한 쌍이 먼저 자리를 잡고 있다. 어제 말 타고 산에 있는 마야 유적 보러 갔을 때 봤던 커플이다. 말을 걸어보니 엘리사는 캐나다 토론토에서 왔고 남자친구인 페데리꼬는 아르헨티나 사람이다. 둘은 캐나다에서 만났고 여행을 위해 돈을 벌어 밴을 하나 장만한 뒤 그 밴을 타고 1년 반째 함께 아메리카 대륙을 여행하고 있었다.

보헤미안, 이들을 보고 바로 그 말이 떠올랐다. 밴이 갈 수 있는 곳이면 어디든 가고 차를 세운 곳에서 요리를 하고 잠을 자고, 그저 그렇게 특별한 목적도 없이 세상을 떠도는 것 자체를 즐기는 사람들.

어제 엘리사가 해먹에 누워 한가로이 책을 읽는 걸 보았다. 그녀의 아우라가 느껴졌다. 그 아우라의 이름은 '진정한 여유'이리라. 레게머리와 펑퍼짐한 옷차림, 방랑자의 자유스러움이 묻어나는 말투와 분위기…. 페데리꼬는 저녁을 같이 하자며 밴 안에서 익숙한 솜씨로 뭔가를 뚝딱거리더니 금세 그럴싸한 음식을 차려낸다. 가진 것 하나 없어도 나눌 건 정말 많아 보이는 그들. 둘은 중미여행을 끝내면 밴을 팔고 다시 캐나다로 돌아가 한동안 일을 해 돈을 벌고 또 여행을 떠나겠단다.

조용하고 느린 말투와 편안해 보이는 인상, 그리고 발길 닿는대로 여행하고 시를 즐기는 이들. 세상의 잣대로 재면 미래에 대한 꿈도 사회적인 욕심도 없이 허송세월하는 한심한 존재쯤 되겠지만, 그들은 지금 행복하며 앞으로도 그들의 행복은 거침없이 계속되리라.

떼구씨갈파의 초라한 독수리

'세계에서 가장 작은 국제공항이 있는 곳.' 이렇게 기억되는 떼구씨갈파Tegucigalpa는 온두라스의 수도다. 떼구씨갈파의 국제공항은 듣던 대로 고작 3층 짜리였고 도시 자체도 공항에 맞춘 듯 지리멸렬했다. 떼구씨갈파의 전체적인 인상은 '못 산다' 는 것. 내가 머물던 센뜨로의 건물들과 거리에서도 가난한 이 나라의 경제사정이 처연하고도 확연하게 느껴졌다. 보통 7시 전에 노점이 사라지고 상점 문이 내려져 저녁이면 못 사는 태 역력한 텅 빈 거리에는 스산함만 데굴데굴 굴러다닌다.

멕시코 과달라하라의 협곡을 누비던 독수리는 내게 부쩍 가까워진 안데스의 전령사와도 같았고 그만큼 감동적이었다. 하지만 떼구씨갈파 하늘의 독수리는 왠지 꿔다 놓은 보릿자루 같다. 도심을 관통하는 강은 온통 쓰레기 투성이고, 강 옆으론 난데없이 소떼들이 지나가고, 그 위로는 엄청난 독수리떼가 하염없이 맴돈다. 전혀 멋스럽지 않은 떼구씨갈파의 독수리들은 그저 비정상적으로 큰 까마귀떼처럼 보인다. 강가는 더럽기 짝이 없고 독수리는 거기에 버려진 도시의 쓰레기를 먹고 살아간다.

떼구씨갈파는 강을 가운데 두고 못 사는 동네[Comayagüela]와 잘사는 동네[Tegucigalpa]로 나뉘어져 있다. 못 사는 동네엔 터미널과 시장이 있고 잘 사는 동네엔 성당과 공원이 있다. 못 사는 동네 버스는 잘 사는 동네로 강을 건너 들어오지 못하도록 법으로 정해졌다. 두 동네 사이는 폐차장에 갔어도 한참 전에 보내졌을 몰골의 콜렉티보가 이어준다. 콜렉티보 이용은 바가지와 실랑이의 연속이어서 한시도 긴장을 늦출 수가 없었다. 트렁크는 보통 안 열어줬고, 어쩌다 트렁크에 짐을 실었다가는 또다시 짐 운송비로 실랑이를 해야 했다.

머무르는 며칠 동안 괜찮은 먹거리 — 그닥 특별한 게 아니라 보통 사람들이 보통 때 먹는 음식 — 를 찾아 헤맸지만 이 도시에서 제일 나아 보이는 곳은 프랜차이즈 피자집과 햄버거 가게였다. 떼구씨갈파에는 정말 그럴싸한 그들만의 먹거리가 없는 걸까? 시내를 가득 메우고 어디론가로 바삐 움직이는 수많은 이들은 대체 매일 무엇을 먹고 살까? 점심 시간이면 거리에 등장하는 행상들에게서 그 대답을 찾을 수 있었다. 따말(옥수수를 갈아 바나나 잎에 말아 찐 것)이나 아로스 꼰 레체(우유와 쌀로 만든 걸쭉한 죽), 또르띠야를 들고 선 채로 허기를 채우는 사람들. 이 도시 사람들은 어디 앉아서 먹을 시간적 경제적 여유조차 없는 모양이다.

해먹에 누워 산들바람 한 자락을

세계에서 가장 싸게 다이빙을 할 수 있는 온두라스의 섬 우띨라Utila. 그것도 아름답기로 유명한 카리브 쪽빛 바다에서. 그래서 배낭족들은 단지 스쿠버 다이빙을 하러 이 섬으로 몰려든다. 스쿠버 다이빙을 좋아하는 내가 어찌 이곳을 그냥 지나칠 수 있으랴! 밤새 달려와 피곤할 법도 한데 바닷속 구경을 한다는 기대에 들떠 나는 숨 돌릴 틈도 없이 도착하자마자 바다로 뛰어들었다.

바닷속은 소문 그대로였다. 갖가지 산호와 화려한 물고기들의 향연은 기본이요 좀처럼 만나기 어려운 종들도 간간이 눈에 들어온다. 처음 날 기쁘게 한 건 큰 녹색 곰치Green Moray(녹색 대형 뱀장어) 녀석이다. 가지고 간 빵을 주며 툭툭 건드려 봤지만 시큰둥 무반응이다. 이빨이 날카로운 게 제법 성깔이 있어 보이는데 나한텐 영 관심이 없다. 조개 밑에 뭔가 있는 것 같아 살짝 뒤집었더니 숨어 있던 문어가 먹물을 발사하며 로켓처럼 잽싸게 도망간다. 복어 한 마리를 잡아 배를 가만가만 문지르니 크기가 축구공만해졌다. 놓아줬는데 빵빵해진 배 때문에 바람 빠지는 풍선처럼 핑그르르 돌며 어디로 가야 할지 갈피를 못 잡는다.

산호초를 몇 바퀴 돌았을 때 앞장서던 독일 친구가 공기통을 때리며 다급하게 뭔가를 알린다. 이글레이Spotted Eagle Ray가 나타난 거다. 와우! 정말 크고 멋지다. 폭 1.5미터쯤, 꼬리 포함한 길이는 대략 4미터. 영화 〈니모를 찾아서〉에 과학선생님으로 출연했던 이 녀석을 실제로 만나는 행운이 오다니! 산호초를 가로질러 녀석의 예상 진로 앞으로 빠르게 나아갔다. 드디어 내 앞을 지나간다. 스텔스기가 이 녀석을 보고 디자인 한 게 아닐까? 녀석은 우아한 날개짓으로 미끄러지듯 바다 속을 활공한다. 발버둥을 치며 이글레이를 쫓았지만 녀석은 날개를 여유롭게 펄럭이며 서서히 내게서 멀어져갔다. 내 마음속에 카리브의 바닷속 추억을 남겨두고….

사실 우띨라 섬에서는 굳이 스쿠버 다이빙을 하지 않아도 된다. 해변에서 몇 발자국만 들어가도 바닥까지 훤히 보이는 바다에 형형색색의 물고기가 천지이니까. 그저 마스크에 오리발 하나만 신고 물에 들어가도 이제까지 한 어떤 스쿠버 다이빙보다 볼거리가 더 많다. 갖가지 모양의 산호들과 니모 동네를 옮겨 놓은 듯한 물고기들…. 카리브의 진정한 아름다움을 보았다.

한참 동안 니모를 찾으며 놀다가 물에서 나와 해먹에 누워 늘어지게 쉬다가 다시 바다에 들어가고, 물고기와 놀다가 지치면 야자수 그늘로 돌아와 책장을 넘기고, 피곤하면 산들바람을 맞으며 한숨 자고…. 푸른 하늘, 시원한 바람, 가볍게 출렁이는 맑은 물결. 파라다이스에서는 고대광실 대신 해먹 하나에 책 한 권, 금은보화 대신 맑은 물과 산들바람 한 자락이 제격이려니. 파라다이스에서의 하루가 한갓지게 흘러간다.

영어 하는 할아버지

우띨라에 해가 진다. 저녁을 먹고 우띨라 유일의 교차로에 앉아 쉴 때다. 한 흑인 할아버지가 내 옆에 앉더니 지나가는 사람들과 인사를 주고 받고 말장난을 한다. 그런데 가만히 얘기하는 것을 들어보니 이건 분명 스페인어가 아니다. 영어 같긴 한데 영어라고 하기에도 뭔가 석연치 않다. 호기심에 할아버지께 이것저것을 묻게 됐다. 여기서 태어난 할아버지는 스페인어와 영어를 모두 쓴다. 하지만 할아버지의 영어는 미국영어와도 영국영어와도 억양과 액센트가 다르고 특이하게 랩 같은 리듬감이 있다. '허', '맨' 하는 미국 흑인들의 감탄사도 종종 들려온다. 듣고 있으면 장단에 맞춰 브레이크 댄스라도 춰야 할 듯 하다.

영어라는 한 이름 아래 대체 얼마나 많은 구어체 영어가 있는 걸까? 멕시코에서 만났던 미국인들도 가끔 영국인들과 대화하는 데 어려움을 느낀다는 이야길 들려주었다. 나도 잘 하지 못하는 영어지만 여행 중에 만난 영국인들의 이야기는 미국인의 이야기보다 더욱 알아듣기 어려웠었다. 한번은 멕시코 어느 유적에서 만났던 영국인 노부부에게 "위치 시디 두 유 리브?" Which city do you live?(어느 도시에 사느냐?)를 물었는데 못 알아들어 '시디'를 여러 번 반복하다가 결국 '시!티!' 라고 해서 이해시킨 적이 있었다.

그런데 이 할아버지는 스페인어권 국가에서 영어를 어찌 저리 능숙하게 할까? 그리고 아프리카도 아닌 이곳 카리브에 흑인들은 또 왜 이리 많을까? 처음엔 그냥 외국인의 방문이 잦아 영어가 통용되니 그럴 수도 있겠다고 생각했다. 하지만 이유는 관광객들 때문이 아니고 흑인들의 슬픈 역사에서 비롯했다.

옛날 스페인은 아프리카 서해안의 흑인들을 사탕수수 농장에서 노예로 쓰고자 카리브해의 세인트빈센트St Vincent라는 섬으로 실어왔다. 나중에 그 섬을 차지한 영국은 이들을 다시 바나나 농장이 있는 온두라스의 로아땅Roatan으로 옮겨 놓았다. 그 후 로아땅의 흑인들은 카리브해 연안의 여러 해안가로 퍼져 — 아마 고향과 비슷해서였을 것 — 흑인 마을을 이루어 오늘에 이르고 있다. 이런 역사 속에서 흑인들은 영국으로부터 배운 영어를 쓰게 되었고, 현재 카리브 연안 나라들의 공식어는 스페인어지만 영어가 카리브의 섬과 해안에선 빈번하게 쓰인다. 일제 시대의 일본어 교육이 우리 할아버지 세대를 일본말에 능통하게 한 것처럼. 이런 까닭에 이곳의 흑인 젊은이들이 대부분 영어를 못하지만 지역적으로 외진 섬에 사는 사람들과 연세가 지긋한 분들은 영어를 쓰는 것. 제국주의가 카리브해에 남긴 가슴 아픈 역사의 한자락이다.

유럽사람들의 여행법

한집에서 한참을 머무르다 보니 같이 지내는 여러 나라 여행자들을 요모조모 뜯어보게 된다. 여러 나라라고 하지만 동양인은 없고 미국인도 없고 유럽에서 온 친구들이 대부분인데 참 이들은 여행하는 방법이 우리네와는 다르다는 생각이 든다.

벨기에에서 온 티보는 대학에서 철학을 공부했는데 졸업하고 6개월 간의 여행을 떠나왔다. 항공권 제외하고 1,500달러가 여행 경비의 전부다. 6개월 동안 그 금액이면 충분하다고 호언장담이다. 레인보우라는 히피 커뮤니티를 이용해 과테말라 빠나하첼에서 일주일 간 20께찰(3,000원)로 모든 걸

해결했고, 게다가 그때가 마침 크리스마스와 연말이어서 연일 파티로 보냈다며 자랑이다. 간혹 영어를 가르쳐서 돈을 벌고 — 그의 영어는 내가 단어 뜻을 가끔 알려줘야 하는 실력이다 — "길거리에서 주웠다"는 스페인어로 현지인과 대화가 끊이질 않고, 그 작은 예산으로 코스타리카에서는 뭍에서 다섯 시간 떨어진 섬까지 갈 생각을 하고 있다.

마테오라는 또 다른 벨기에 녀석은 가이드북이 전혀 없다. 그는 가이드북이 여행의 짐일 뿐이라며 날마다 발길 닿는 대로 기분 내키는 대로 여행하면 된다는 식이다. 내가 중미를 관통해 파나마에서 콜롬비아로 넘어가는 방법을 찾고 있다고 했더니 자신은 파마나에서 배를 타고 남미로 갈 계획이란다. 파나마 운하를 건너는 동안 배에서 적당히 일을 해주고 얻어 타고 갈 수 있다나. 그는 고작 4,000달러 가지고 앞으로 일년 여행을 더 할 작정이다. 불가능해 보인다고 했더니만 코스타리카에 가면 농장에서 일 할 생각이라고.

나하고 방을 같이 쓰는 오스트레일리아 국적의 아나벨은 3개 국어를 한다. (아나벨 말고도 숙소에 있는 대부분 사람들이 대부분 서너 개 말을 구사한다.) 그래서 아나벨은 애들하고 불어나 영어로 떠들다가 둘 다 모르는 애들에게는 스페인어로 말한다. 융의 철학책을 읽고 있기에 대학에서 뭘 공부했나 궁금해져 물었더니 대학은 관심이 없어 안 갔단다. 그녀는 벌써 집 떠난 지 3년째로 여러 나라를 여행하며 살고 있다.

안전한 곳만 찾는 미국 사람, 돈을 펑펑 써가며 편하게 여행하려고만 하는 일본 사람, 검증된 장소만 여행하려는 우리네와 유럽 사람들의 여행법은 뭔가 많이 다르다. 먼저 돈 걱정을 별로 안 한다. 벌면 되지 무슨 걱정이냐는 식이다. 또 몇 개월, 1년은 보통이고 심지어 몇 년씩 떠돌이 생활을 한다. 대부분 집 생각이 별로 안 난다니 신기할 따름이다. 다양한 언어를 구사하며 세계를 무대로 살아가는 이들의 자유로운 사고 방식이 무척 부럽다. 하지만 나에게 이렇게 떠돌면서 평생을 살라고 한다면 그건 생각해볼 일이다.

Maya

T e o t i u a c a n

신들의 도시

때오띠우아깐. 2세기경부터 피라미드가 건축되고 6세기까지 전성기를 누리다 7세기에 불 타 갑자기 사라진 문명.

새해 첫 날을 맞이해 경건한 마음으로 떼오띠우아깐의 피라미드를 찾았다. 멕시코시티 북부 터미널에서 40여 분 만에 도착한 떼오띠우아깐은 한마디로 거대했다.

입구에서 달의 파리미드까지는 무려 2킬로미터에 이르는 '사자의 길'이 곧게 뻗었다. 이 마야의 대로 양편으로 무수히 많은 제단들이 늠름한 마야의 근위병들인 양 우뚝하다. 이집트의 피라미드들까지 통틀어 세계 3위의 위용을 자랑하는 태양의 피라미드는 좌우대칭의 축에서 살짝 비껴 서서 이 신들의 도시를 굽어보는 듯하다. 온 대지를 태워버릴 기세로 내리쬐는 뜨거운 햇살 아래 거대한 떼오띠우아깐은 차마 인간의 손으로 빚어진 것 같지 않다. 이국적이다 못해 외계적인 이곳. 신들이 지구를 떠날 때 무언의 경고처럼 굳이 남기고 간 듯한 이 신령함의 터전. 그래서인지 신들의 도시는 새해맞이 참배객으로 아연 북적거리지만 떼오띠우아깐은 늘 그렇듯이 텅 빈 느낌이다. 마치 이 세상 너머의 다른 세계로 맞닿은 통로인 양….

'하얀 언덕'

이름처럼 하얗게 솟은 언덕 꼭대기에 있는 작지도 거대하지도, 과장되지도, 초라하지도 않은 단아한 유적. 몬떼알반은 떼오띠우아깐의 영향을 받아 8세기까지 전성기를 누리다 10세기 무렵에 멸망한 사포떽 문명의 유적이다. 몬떼알반에 서면 멀리 아득 그득 펼쳐진 높은 산들 사이에 옴폭 자리잡은 와하까 시가지가 한눈에 굽어보인다. 그 옛날 사포떽의 통치자들은 저 산과 들을 바라보며 흐뭇한 웃음을 머금었으리라.

몬떼알반을 그저 보는 것만으로도 마음속은 영겁의 세월을 견뎌온 갈색 돌빛으로 차분하게 물든다. 하늘이 이 신령한 언덕을 쓰다듬는 듯한 시원스런 바람 탓일까? 유쾌한 산책을 선사하는 하얀 언덕 몬테알반은 돌로 벼려낸 고즈넉한 마야 인디언들의 표정이 아니런가?

Monte Alban

Palengue

정글 속의 마야

치아빠스의 울연한 밀림 속에 자리잡은 마야 유적 빨렝께. 7세기경 빠깔왕이 세우기 시작한 이래 200년이 걸려 완성되었다. 유적마다 수많은 부소와 마야의 상형문자들로 치장되어 있고, 특히 궁전El Palacio에서는 다른 곳에서 보기 힘든 독특한 탑을 만날 수 있다.

날마다 일정한 시간이면 장대 같은 빗줄기가 쏟아져 유적지는 촉촉한 대기 속에 잠겨 미끌거린다. 일대의 지형 변화가 심하고 유적들이 워낙 넓은 지역 곳곳에 흩어져 있어 탐사 도중 홀연 으슥한 느낌이 들곤 한다. 이런 탓인지 간혹 숲 깊숙한 곳의 유적에서 관광객을 대상으로 마약거래가 이루어지기도 하는 곳. 마치 정글탐험대라도 된 양 구석구석 유적을 찾아 누비며 울창한 밀림에 감탄하다 보면 어느새 하루해가 저물고 묵직해진 다리를 비로소 깨닫는 곳, 빨렝께는 진정한 정글 속 유적이다.

Uxmal

마법사 신전의 가이드 이구아나

자존심 센 마야인의 고향 유까딴 반도에는 욱스말 유적이 있다. 시장의 허름한 식당도 자랑스레 유까딴 주 깃발을 내거는 멕시코의 '퀘벡'이라서 그럴까? 욱스말에서는 정부 입장료 따로, 유까딴 주정부 입장료 따로 받는다. 하지만 잡상인이 없어 여유롭게 거닐고 한가롭게 쉬어가며 유적을 볼 수 있다. 입구를 들어서니 이제까지 볼 수 없던 형태의 신전이 앞에 버텨 선다. 마법사의 신전이라 불리는 이 건물은 기본적으로 계단식 구조이긴 한데 왠지 성곽 같은 느낌이다. 그 옆 74개의 방이 중정을 끼고 배치된 궁전은 어느 중세 수도원을 연상시킨다. 욱스말의 유적이 특이한 건 모든 건물이 뛰어난 조각으로 장식되어 있다는 점이다. 중세의 성당처럼 조각이 먼저인지 건물이 먼저인지 헷갈릴 정도다. 유적 어디서나 볼 수 있는 이구아나를 쫓아다니는 일도 뛰어난 조각 구경만큼이나 신나는 경험이다.

^ 피라미드에서 바라본 마법사의 신전.

<< < 마법사의 신전 뒷면 계단의 착(비의 신) 조각상. 유적을 온통 뒤덮다시피 한 착의 조각은 이 지역에서 비가 귀했다는 반증이요 마야인들의 간절한 바램의 형상화이다.

Chitzen Itza

마야문명의 집대성

몰려드는 관광객의 숫자로 최고를 꼽자면 단연 치첸이싸의 유적이 으뜸이리라. 욱스말과 마찬가지로 밤에는 야간 조명 쇼가 펼쳐진다. 쇼는 마야와 유적의 역사에 관한 내용이다. 치첸이싸는 마야의 뛰어난 천문학과 건축술이 상징적으로 표현된 곳이다. 엘까스띠요El Castillo(성)라 불리는 피라미드의 아홉 개 층은 저승세계의 층수를 뜻하고 계단과 윗 단의 수를 합하면 365로 1년을 상징한다. 또 달팽이 모양의 까라꼴은 금성을 관측하기 위한 건물이었다. 치첸이싸가 더 유명해진 것은 세노떼(연못)에서 발굴된 엄청난 양의 유골과 유물 때문이다. 하지만 다른 유적에 견주어 월등하게 많은 관광객과 너무 완벽하게 복원된, 그리하여 지나치게 깔끔해진 신전들 탓에 치첸이싸는 '마야 테마파크' 같다는 인상을 떨칠 수가 없다.

엘까스띠요에서 바라본
천 개의 열주와 전사의 신전

까라꼴. 금성에 대한 여러 가지 과학 정보를 반영한 천체 관측용 건축물

T i k a l

즐거운 마야인의 고향

띠깔은 밀림 깊숙이 자리한 유적이다. 온 정글을 뒤흔드는 원숭이의 울부짖음이나 이국적인 새들의 지저귐이 마야의 돌들 사이에 그윽하다. 공작을 닮은 빠보레알이나 너구리 등의 여러 동물들도 불쑥 유적지의 모퉁이를 돌아 나와 태연하게 제 갈 길을 간다. 텅 빈 유적을 지키는 저 독수리는 예 살던 옛 마야인의 눈빛으로 낯선 여행자들을 응시한다. 제5신전에 올라보면 울울창창한 밀림 위로 겨우 고개만 내민 피라미드들이 한눈에 들어온다. 밀림이 야금야금 유적을 먹어 들어가는 모습에 짐짓 감상적이 될 법도 하건만, 원숭이의 울음이나 독수리의 눈빛이 무슨 마법이라도 부린 걸까? 돌과 숲과 동물들의 희롱은 마냥 아름다워 보이고 여행자는 마냥 즐거워진다. 새벽 다섯 시부터 오후 다섯 시까지 정감어린 마야인의 신전들 사이로 거니노라니 싫증은커녕 마야의 고갱이로 훌쩍 가까워진 듯하다.

Copan

마야 조각 공원

꼬빤의 유적은 흡사 조각공원에 온 듯한 인상을 준다. 다른 마야 유적이 건물을 치장하기 위해 조각을 쓴 것이라면 꼬빤은 조각이 먼저고 건물은 부산물인 듯 여겨질 정도이다. 또 꼬빤은 '유적 밑의 유적'으로도 이름이 높다. 맨 안쪽에서 맨 바깥쪽까지 다섯 켜로 이뤄진 이 로사릴라의 비밀은 1986년에야 비로소 세상에 알려졌다. 그리고 네 면 모두에 마야 신화 속 생명체들과 상형문자가 조각되어 있는 스텔라(비석)도 다른 유적지에서는 볼 수 없는 독특한 유물이다. 앵무새 조각, 벽 전체에 새겨진 부조, 할머니를 닮은 두상, 사천왕상을 떠올리게 하는 입상…. 이런 조각 솜씨의 정점은 전면을 조각으로 뒤덮은 67단의 상형문자계단이다. 구석구석 눈길 닿는 곳마다 아로새겨진 이들 마야의 표정은 한낱 돌들에 생기를 불어넣고 한낱 이방인 여행자도 몇백 년의 세월을 넘나들게 해준다.

마나구아
산호세
파나마

중 앙 아 메 리 카

[Nicaragua]
[Costa Rica]
[Panama]

Las Manos

Managua

San Jose

Panama

자라 보고 놀란 가슴

몇 번 국경을 넘었지만 현지 대중교통만을 이용해 국경을 넘는 시도는 이번이 처음이다. 시작은 생각보다 쉬웠다. 떼구씨갈파에서 국경마을 라스 마노스Las Manos까지 가는 버스를 타고 아홉 시 반쯤 일찌감치 국경에 도착해서 렘삐라Lempira(온두라스 화폐 단위, 스페인에 저항한 인디언 영웅의 이름)를 환전하고, 출국도장 받고, 입국카드 쓰고, 이제 입국도장만 받고 바로 니카라과 마나구아Managua행 버스에 오르기만 하면 끝이다. 생각보다 훨씬 간단하고 일사천리였다.

그런데 생각지도 못했던 마지막 입국도장 하나가 내 발목을 잡았다. 출국은 했으되 입국은 못한 채 국경에 꼭 끼인 여행자로 기약도 없이 하염없이 기다려야 했다. 이유는 오직 하나, 도장 찍어줄 여행자 카드가 똑 떨어졌다는 것. 허탈하고, 황당하고, 억울하고, 한심하게 세 시간 반이 흘렀다. 얼토당토 않은 기다림으로 파김치가 되어갈 즈음에야 어디선가 종이 한 장이 도착했고, 그제서야 겨우 니카라과 땅에 발을 디딜 수 있었다.

라틴의 또 하루가 뉘엿뉘엿 저물어 갈 무렵에야 도시 전체가 어느 대도시 변두리의 빈민촌 같은 느낌인 마나구아에 가까스로 도착했다. 50꼬르도

바Cordoba(니카라과 화폐 단위)를 부르는 택시비를 30꼬르도바로 깎고서 후줄근한 몸을 차에 실었다. 띠까버스(중미의 국제버스) 터미널 근처의 숙소로 가기로 했다. 그런데, 아뿔싸! 실컷 택시비를 흥정했건만 정작 내 주머니엔 단돈 1꼬르도바도 없었다. 국경에서 환전을 안 했다는 사실을 까맣게 잊고 있었던 거다. 오밤중에 이 무거운 짐을 들고 환전하느라 우왕좌왕을 해야 하나? 그나 저나 이 늦은 시간에 환전할 만한 곳이 있으려나? 아침을 몽땅 날린 출국도장 악몽이 떠올라 흠칫했다.

그러나 웬걸, 목적지에 도착해 내심 불안한 마음이었지만 마치 언제나 그랬다는 듯 뻔뻔하게 2달러를 내밀었더니(1달러가 15꼬르도바) 택시기사는 군말없이 그냥 받는 게 아닌가? 어느새 나는 시골 '깡촌' 같던 국경초소를 떠나 완전한 관광지 한복판으로 옮겨져 있었던 것이다. 어디서나 달러를 내밀어도 되고, 사람들도 달러 냄새를 쫓아 킁킁대는 이 구질구질한 마나구아의 관광특구에서 나 혼자만 몸도 맘도 축 늘어져 자라 보고 놀란 가슴 솥뚜껑 보고 놀라듯 괜시리 호들갑을 떨었던 게다.

온몸으로 지구와 만나다

처음부터 마나구아 시내 구경은 관심 밖이었다. 멕시코 이후 과테말라부터 중미의 문화는 고유의 것은 드물고 주로 멕시코의 것이 변형된 질 낮은 것 일색이었다. 그래서 중미부터는 아직 파괴되지 않은 자연환경을 즐기거나, 사람들이 살아가는 모습을 보는 데 초점을 맞춰 여행하려 마음먹었다. 그렇기에 화산의 나라인 니카라과에서는 온천을 즐기는 것이 제격이리라.

난 사실 한국에서도 느긋하게 사우나를 즐기는 편은 아니었다. 하지만 지난번 벨기에 친구 티보와 산을 헤맨 이후 다리에 풀독이 올라 가렵고 여기저기가 곪아 온천욕 얘기에 솔깃했다. 화산의 나라답게 마나구아 근처에만도 온천이 여럿이다. 처음엔 안내서에 소개된 뜨리삐체라는 곳에 갈 생각이었으나 중앙시장에서 탄 버스의 차장 말을 듣고 종점의 띠삐따빠로 행선지를 바꾸었다.

풀이 여럿인 노천 온천은 상당히 큰데다 물이 펄펄 끓었다. 다리가 따끔거리며 뭔가 치료가 되는 느낌이다. 풀에서 온천욕 하던 사람들이 다들 어디론가 가더니 땀을 뻘뻘 흘리며 돌아온다. 그들이 다녀온 곳은 솟구치는 온천물 바로 위에 헛간을 짓고 증기욕을 하는 천연 사우나! 지난 번 온두라스 아구아깔리엔떼에서는 끓는 온천물에 달걀을 삶았는데 이번엔 숫제 그 물 위에 앉을 수 있었다. 화산이 뿜어내는 증기에 내 피부가 치유되는 느낌도 좋지만 무엇보다 지구와 한결 가까워진 기분에 — 그야말로 지구와 온몸으로 만났지 않은가 — 마냥 행복하고 나른해진다.

산호세, 중미연합의 상징적 수도

멕시코 이후로 날로 더러워지던 거리가 아연 깨끗해졌다. 쓰레기 더미가 잔뜩 쌓여 있던 벌판이 어느새 잘 정리된 목장으로 바뀌었다. 중미의 도시들은 하나같이 모두 더럽고 지저분하리라 생각했는데 코스타리카의 수도 산호세의 거리는 멕시코보다 오히려 밝고 깨끗하나. 노심에는 피부가 하얀 이들이 많아졌고, 중심가에는 맥도날드, KFC 등 프랜차이즈가 즐비하고 중국집도 여기저기 눈에 띈다.

산호세는 이제까지의 중미와 달라도 한참 다르다. 여지껏 밤이면 숙소에서 주로 '꼼짝 마' 하고 있었는데 오늘은 느지막한 저녁에 나와 밥도 먹고, 환전하고, 인터넷방에서 서핑도 하고, 시내도 거닐었다. 누가 불쑥 나와 덤벼들 것 같던 컴컴한 중미의 밤거리와 달리 여긴 보행자몰이 있고 간판은 휘황찬란하다. 꽤 늦은 시간인데도 거리는 사람들로 왁실덕실하고 국립극장 뒷편 광장엔 밤을 즐기려는 젊은이들이 수런거린다. 수퍼에는 중미에서 볼 수 없었던 플레인 요구르트가 가지런하다. 산호세는 중미와 남미 사이에 끼인 북미 같은 인상이다.

코스타리카의 환경이 옆 나라 니카라과와 전혀 딴판인 것에 비해 국경은 그리 별스럽지 않고 형식적이었다. 세관검사 때 1달러씩 걷어주면 단 몇 초 만에 짐 몇 개만 할긋 쳐다보고 끝내 버린다. 맘만 먹으면 국경 이편에서 저편으로 무엇이든 옮길 수 있겠다싶다. 생각해 보니 중미는 각 나라가 나뉘어져 있어도 역사적인 중미연합의 개념이 있어서 그런지 국경간의 통제도 약하고 나라별 차이도 별로 없어 보인다. 그래서 국경 넘는 것이 멕시코에서 인접한 주 사이를 이동하는 것과 요금도, 모양새도, 시간도 비슷하게 느껴진다. 그런 연유일까? 북적대는 쇼핑몰을 지나 키다리 야자수 아래로 잘 닦인 산호세의 길을 거닐며 나는 이곳이 중미연합이 부활한다면 수도로 제격이겠구나 싶었다.

파나마 발코니와 마천루

파나마 시내는 높은 마천루와 각종 은행, 카지노들이 들어서 매우 현대적인 모습이다. 아메리카의 배가 파나마 운하를 거쳐가듯이 아메리카의 돈도 이곳 파나마를 거쳐 간다고 하너니 현금지급기의 1회 인출한도가 무려 500달러다. 다른 중미 국가는 고작 몇 십, 많아야 이삼 백 달러 남짓이었는데. 그것도 모르고, 여느 중미 국가를 생각하고 비행기 표값으로 몇 번씩 뽑아야 할 것 같아서, 인출 수수료를 아끼려고 굳이 거래은행을 찾아 헤맨 것이 허탈하다.

물어 물어 아비앙까Avianca(콜롬비아 국적기)를 찾아 171.14달러에 보고따를 경유하는 까르따헤나 행 티켓을 샀다. 표를 사고 나니 뭔가 큰 일을 한 듯한 느낌이다. 그래, 점심은 가장 번화한 곳에 가서 먹자! 은행가 사람들이 애용하는 도심 상가의 푸드코트에서 오랜만에 그럴싸한 음식들을 만났다. 중미에서는 잘 보지 못한 해물요리도 그렇고, 그걸 사먹는 넥타이 부대도 그렇고, 이곳만은 여느 미국 도시나 다름없어 보인다.

점심을 먹고 시내에서 멀찌감치 떨어진 구시가지Casco Antiguo로 발길을 옮겼다. 구시가지로 통하는 보행몰은 상인과 상품, 행인들로 어런더런했다. 물건들은 아주 다양하고 값도 싼 편이다. 게다가 미국 달러를 그대로 사용하니 미국과 비교가 되어서인지 더 싸게 느껴진다. 엊그제 코스타리카에서 산 썬글래스가 맘에 안 들던 차에 쇼핑센타에서 미국산이라고 표시된 쏠쏠한 썬글래스 하나를 골랐더니 겨우 2달러 남짓이다.

보행몰을 따라 조금 더 걸어가니 사람들이 뜸해지면서 주위 건물들의 모습도 달라졌다. 골동품이 된 전차 레일이 보이고 건물들도 거기에 걸맞게 고전적이다. 가이드북엔 이 지역을 '심지어 낮에도 위험한 곳' 으로 소개한다. 하지만 그 동안 파나마시의 노력 덕택인지 거리는 밝고 곳곳에 경찰들이 배치되어 있어 그런 분위기는 찾아보기 어려웠다.

보행몰 저편의 북적대는 파나마 도심과 달리 이곳 구시가지는 무척 고즈넉하고 예스럽다. 나무 그늘을 찾아 한가로이 책을 읽고, 바다를 보며 하루를 보내기에 좋을 듯한 곳. 책이 지겨우면 쇠락한 구시가지를 거닐며 아직 과거의 영화를 간직한 몇몇 프랑스풍 건물을 찾아나서는 일도 흥미롭다. 큰 광장과 까떼드랄, 그 주위의 콜로니얼풍 건물들…. 중미에서 뜻밖에 만난 제대로 된 구시가지는 새삼 콜로니얼 도시만의 아늑함에 젖게 한다. 이곳의 파나마 발코니들을 뒤로 하고 신시가지의 마천루 속으로 다시 돌아오며 진심으로 빌었다. 파나마 정부의 호언장담대로 뼈대만 남아 쇠락해가는 구시가의 고전 건물들이 다시 영화로운 옛 모습으로 거듭나기를….

이스라엘리 실비아

파나마Panama 운하는 어릴 적부터 내게 너무나 익숙했다. 파나마가 나라 이름이란 것은 나중에 알았지만 파나마 운하가 '세계 최대' 라는 건 퀴즈의 단골 메뉴였던 까닭이다. 하지만 운하는 상상했던 것과는 조금 달랐다. 수만 톤의 선박이 인공적으로 만들어진 계단을 기적처럼 척척 올라가고 통과하는 데 한두 달은 족히 걸리리라 상상했는데, 계단식으로 배가 이동하게 하는 수문은 전 운하를 통틀어 달랑 세 군데뿐이었고 이틀이면 배는 태평양에서 대서양으로 건너갈 수 있었다.

배가 수문을 통과하는 '쇼'는 예상보다 빨리 끝나버렸고 대신 우연히 만난 이스라엘 아가씨 실비아와 수다떠는 것으로 아쉬움을 달래야 했다. 실비아는 한국에서 인턴으로 일하는 친구를 통해 저간의 한국 사정을 알고 있었다. 그녀는 한국 사람 중 1%가 영어를 할 수 있다고 들었다며 나에게 사실 여부를 물었다. 외국인이 느끼는 우리의 영어 수준이 고작 1%라니…. 맞는 말인 줄 알면서도 대뜸 그런 질문을 들으니 기분이 묘했다. 이스라엘 아이들은 이스라엘 말 '히브루'로는 세계무대에서 아무것도 못하기에 일찍부터 영어를 배우며 자신도 집에서 영어를 배웠다고.

조그마한 나라 이스라엘 사람들은 여행을 많이 한다. 그들에게 여행은 특별한 취미나 여가 생활이 아닌 이스라엘의 문화이자 자신들의 삶 자체라고 실비아는 말했다. 지금쯤이면 카니발을 보려고 브라질에만 수천의 이스라엘 사람들이 여행하고 있을 거라면서. 또 자신이 사는 텔아비브에선 연일 파티가 끊이질 않는단다. 주말이나 휴일에 맞춰 파티를 하는 것이 아니라 날마다 거리는 파티의 물결이라나. 팔레스타인과 대치 중이니 초긴장 상태 아니냐고 반문했더니, 사람들은 거기에 크게 신경 쓰지 않는다고.

그녀의 이야기 중 제일 놀라운 건 주위 사람들 모두 마리화나를 피운다는 것이다. "아빠도, 엄마도, 친구도 모두 피워대. 아마 이스라엘에선 마리화나가 곧 합법화 될 거야." 그 말에 놀라서 내게는 마리화나 피우는 친구가 하나도 없다니까 그걸 더 신기해 한다. 유태인들의 문화는 정말 생소한 것이 많았다. 그 대부분이 종교적 이유에서 온 것이었다. 치즈와 고기를 섞지 않는다든지, 새우를 먹지 않는다든지, 여자도 군대에 1년 9개월 가야 하는 것(남자는 3년) 등, 우리 둘은 다른 나라 사람들과의 차이보다 다른 점이 훨씬 많아 보였다. 비록 짧은 시간이었지만 실비아와의 만남은 '넓은 세상, 다른 삶'을 찾아 나선 여행자에게 여행의 기쁨을 만끽하게 한 좋은 시간이었다.

태평양에서 대서양으로

배가 파나마 운하의 세 수문과 그 사이에 있는 세계에서 가장 큰 인공호수를 통과해 태평양에서 대서양으로 넘어가는 데 48시간이 걸린다. 세 수문 중 파나마시티에서 가장 가까운 태평양에 접한 것이 미라플로레스 수문Miraflores locks이다. 수문의 가장 중요한 시설은 채임버로 불과 8분만에 수만 톤의 물을 빼고 다시 채울 수 있어서 약 45분만에 배는 수문을 통과하게 된다.

❶ 예인선으로 배 끌어오기

강을 따라 올라온 배가 수로 근처에 도착하면 예인선이 배를 수로 입구로 끌고 온다. 큰 배는 스스로 정확하게 움직이기 힘든 탓이다.

❷ 궤도차로 배를 수문 안으로 끌어오기

예인선이 입구까지 끌고 온 배를 궤도차에 연결한다. 궤도차는 앞에서는 당기고 뒤쪽에는 브레이크 역할을 하며 배를 운하 중간에 있는 채임버(양쪽의 수위를 맞추려고 만든 공간)까지 진행시킨다.

❸ 수문 닫고 물 빼기

양쪽의 수위가 다르기 때문에 진입해온 쪽의 수문을 닫고 물을 빼서 진행할 쪽 채임버와 수위를 맞춘다. 물을 뺌에 따라 예인선과 배가 움푹 가라앉은 게 보인다.

❹ 진행 방향 수문 열기

두 채임버의 수위가 같아지면 가운데 수문을 열고 진행방향 채임버로 배를 이동 시킨다.

❺ 궤도차에 의한 수문 통과

진행방향의 채임버와 수위가 같아졌기 때문에 배는 궤도차에 이끌려 반대편 수로로 나아간다.

❻ 수로 빠져나가기

거대한 선박이 진행 방향 수문을 빠져나가면 수문은 다시 닫힌다. 배는 이런 방식으로 두 개의 수문을 더 통과한 후 태평양에서 대서양으로 접어든다.

까르따헤나
비야데레이바
보고따
뽀빠얀
싼아구스틴

콜 롬 비 아

[Colombia]

Bogota
Zipaquira
Villa de Leyva
Cartajena
San Agustin
Popayan

SUBTERRANEO
CLUB DISCOTECA
VIERNES 2 DE ABRIL
LOS
TERRICOLAS
BLANCANIEVES
SUBTERRANEO
CLUB DISCOTECA
BLANCANIEVES
LOS
TERRICOLAS

데리안 갭을 넘어 또다른 라틴으로

캐나다 벤쿠버에서 로키산맥을 갈 때 가이드는 우리가 달리는 1번 고속도로가 알래스카까지 이어진다고 했다. 이른바 팬아메리카 고속도로Pan-America Highway의 일부였던 것. 이 팬아메리카 고속도로가 남쪽으로는 미국을 지나 멕시코를 거쳐 남미의 끝 칠레까지 이어진다. 하지만 사실은 중간에 한 곳, 파나마와 맞붙은 콜롬비아의 정글에서 도로는 잠시 끊겨 있다. 이곳은 데리안 갭이라 불리는 곳으로 세계에서 몇 안 되는 보전된 정글 지역이다. 미국의 주도로 도로 건설에 필요한 조사는 이미 끝났지만 콜롬비아인들의 뿌리깊은 반미의식(원래 콜롬비아 땅이었던 파나마를 미국이 뺏어갔기 때문), 환경보전, 질병 전염 등에 대한 논란으로 이 끊긴 부분이 건설될지 안 될지는 여전히 묘연하다. 어쨌든 고속도로가 끊긴 까닭에 나는 파나마에서 비행기를 타고 콜롬비아에 들어와야 했다.

여행객이 한 나라를 처음 만나는 곳은 역시 공항에서다. 콜롬비아 보고따 공항의 입국장에서 입국사무소 관리는 따뜻하게 웃어 보이며 여행 잘 하라는 덕담과 함께 턱 하니 무비자 입국허가 도장을 찍어준다. 받은 사랑은 기억 못해도 준 사랑은 기억한다고, 우리는 까마득하게 잊고 있을지언정 콜롬비아는 남미에서 유일하게 한국전쟁에 참전한 '형제의 나라' 답게 한국 사람은 무비자였나. 문득 오래전 들른 터키가 떠올랐다. 터키가 어떤 나라인지 전혀 감을 못 잡고 나는 커다란 베낭을 메고 눈 오는 이스탄불 시내를 헤매고 있었다. 그때 우연히 만난 이름 모를 터키 아저씨는 한국전쟁에 참전한 자기 할아버지 이야기를 하며 식당이며 잠자리를 알아봐 주었다. 그 일이 떠오르며 콜롬비아에서도 좋은 여행이 될 것 같은 예감에 기분이 좋아졌다.

숙소와 교통편을 알아보려고 공항의 인포메이션으로 갔다. "저기요, 싸고 괜찮은 호스텔을 잡고 싶은데…" 이렇게 머뭇거리며 묻기 시작한 아가씨와의 대화는 한참 동안 이어졌다. 호스텔 이야기, 그곳의 주인 이야기, 교통수단 이야기로 꽤 긴 시간을 함께 떠들다 이제 가봐야겠다고 하니 버스 요금은 얼마를 내라며 지갑을 꺼내 콜롬비아 지폐를 보여준다. 여기서는 달러가 안 통하니 빨리 환전부터 하란다. 참 예쁘고 친절하다. 콜롬비아 사람들은 다 이리 상냥하고 어여쁠까? 콜롬비아라고 하면 얼른 떠오르는 마약과 게릴라, 그로부터 상상되는 사회불안과 전쟁 따위의 이미지 때문에 무척 긴장하기 마련이나, 오히려 다른 나라에 도착했을 때보다 맘이 훨씬 편하다.

버스를 탔다. 시내버스가 마이크로 버스다. 중미에서 보던 닭장버스가 사라졌다. 데리안 정글이 미국 스쿨버스의 남하를 막은 셈이니, 보고따 거리의 버스 풍경에도 반미감정이 그렇게 어려 있는 셈인가 싶었다.

거리는 생각보다 깨끗하다. 종점에서 종점까지 가는 동안 창밖으로 시내 구경을 했다. 예상과 달리 중미의 도심보다 고층건물도 많고 도로도 포장이 잘 되었다. 콜롬비아는 준전시체제이리라 상상했는데 지나친 상상력의 발로였나보다. 반팔 입은 행인들 사이로 두꺼운 솜옷을 입은 사람도 보인다. 무덥고 눅눅하던 파나마에서 더 남쪽으로 내려왔는데 날씨가 왜 이 모양이지? 여기가 어디쯤 되더라. 위도 5도, 해발 2,640미터. 고산이라 일교차가 커서 그런가 보다 생각하면서도 적도 바로 위에서 두꺼운 외투는 그저 낯설다.

버스에 앉아 1시간 넘게 시내를 제법 샅샅이 구경하고 드디어 구시가지에 도착했다. 지레 겁먹었던 콜롬비아에 대한 인상이 공항에서 어느 정도 풀어지긴 했다. 하지만 막상 보고따에서도 가장 위험하다는 구시가지 한복판에서 40킬로그램이 넘는 짐 둘을 들고 다니려니 사뭇 긴장된다. 책을 펼쳐 들고 관광안내소 아가씨가 추천한 플라티퍼스platypus(오리너구리)라는 이름의 호스텔로 향했다. 이상하다. 거리에 잡상인이 없다. 게다가 거지도 없고. 콜롬비아는 거리에 강도와 게릴라들이 득시글거리리라 싶었는데 드문드문 경찰들만 보일 뿐 중미의 그 많던 잡상인들조차 거의 자취를 감췄으니, 뭔가 크게 잘못 알고 있었던 모양이다.

짐을 대강 정리하고 식사를 하러 숙소 주위 식당을 구경하러 나섰다. 중미까지는 멕시코의 메뉴가 조금씩 변형되긴 했어도 모두 따꼬의 아류라 무엇을 먹을까 고민할 게 없었다. 또 흔하고 싸고 양 많은 게

중국 음식이었다. 그런데 이곳에선 익숙하던 따꼬가 자취를 감춘 듯하다. 초라해 보여도 스프와 후식까지 곁들인 세트메뉴가 일반적이고 중국 식당은 싸기는커녕 고급 외식 레스토랑으로 바뀌었다. 나의 비타민 보충원이던 길거리표 생과일 주스도 잡상인이랑 같이 도망가버렸는지 보이질 않는다. 데리안 갭을 건너왔더니, 라틴 아메리카라면 죄다 이러려니 싶었던 많은 것들이 달라졌다.

보고따는 멕시코도 아니고, 중미와는 차원이 다르고, 번지르르할 뿐 역사 없는 미국의 거리와도 다르다. 그렇다고 유럽의 그림 같은 거리도 아니다. 옛날에는 잘 살던 동네가 이제는 벌이가 시원찮아져서 쓰레기가 좀 나뒹굴지만, 그래도 사람들은 진골인지라 귀티가 나고 우아함이 남아 있다라고 말하면 설명이 될까? 데리안 갭 때문에 같은 뿌리 스페인에서 온 문화가 중미와는 다른 모습으로 발전한 모양이다. 성당과 오래된 건물의 모습들은 중미의 그것들에 비해 훨씬 간결하고 단아한 느낌이다. 제일 많이 달라진 것은 거리를 오가는 사람들의 모습이다. 사람들은 키가 커지고 얼굴이 많이 하얘졌다. 베네수엘라와 함께 아름답기로 소문난 콜롬비아 아가씨들이 거리를 활보한다. 콜롬비아의 보고따, 이곳은 또 다른 라틴이다.

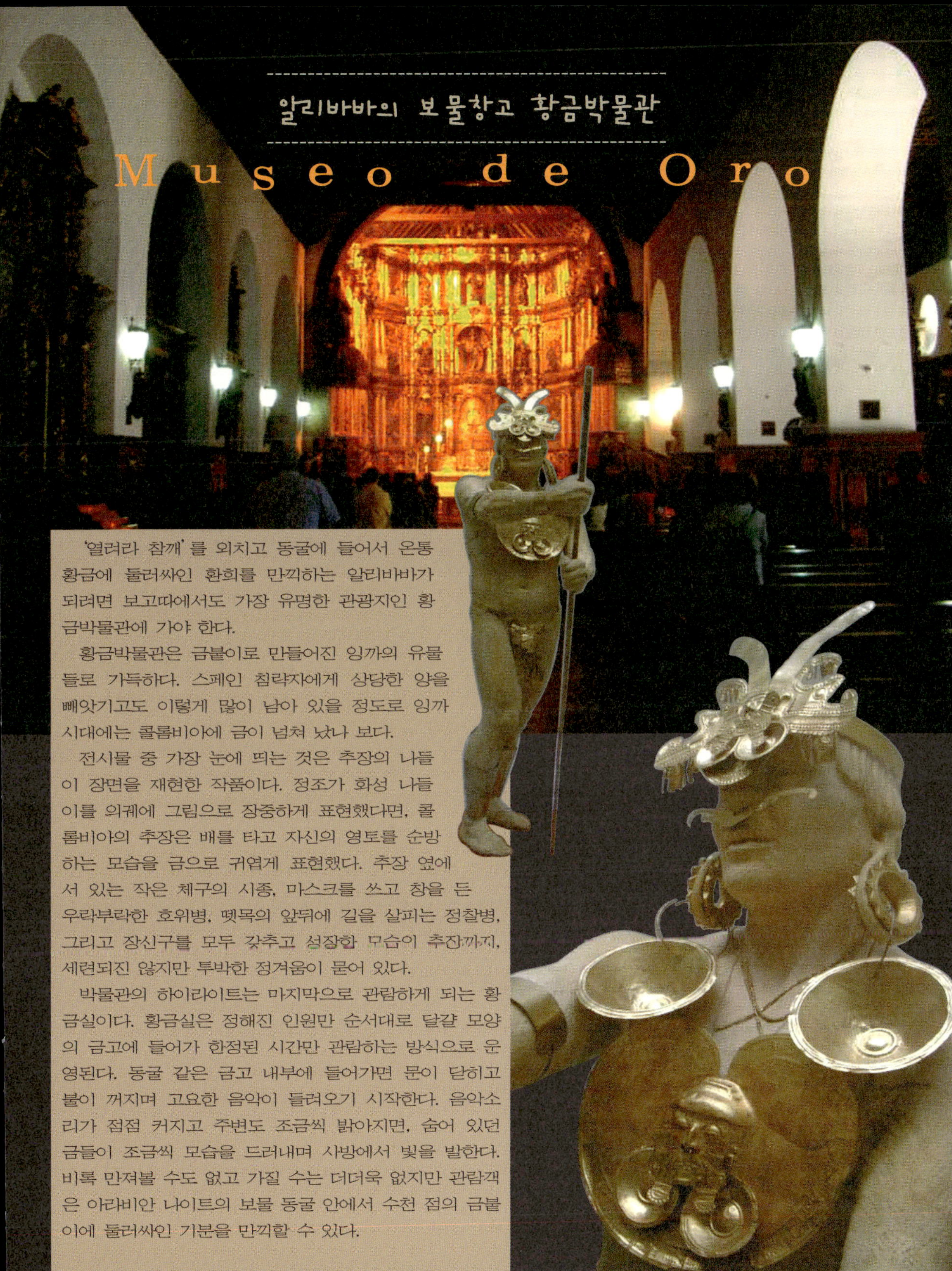

알리바바의 보물창고 황금박물관

Museo de Oro

'열려라 참깨'를 외치고 동굴에 들어서 온통 황금에 둘러싸인 환희를 만끽하는 알리바바가 되려면 보고따에서도 가장 유명한 관광지인 황금박물관에 가야 한다.

황금박물관은 금붙이로 만들어진 잉까의 유물들로 가득하다. 스페인 침략자에게 상당한 양을 빼앗기고도 이렇게 많이 남아 있을 정도로 잉까 시대에는 콜롬비아에 금이 넘쳐 났나 보다.

전시물 중 가장 눈에 띄는 것은 추장의 나들이 장면을 재현한 작품이다. 정조가 화성 나들이를 의궤에 그림으로 장중하게 표현했다면, 콜롬비아의 추장은 배를 타고 자신의 영토를 순방하는 모습을 금으로 귀엽게 표현했다. 추장 옆에서 있는 작은 체구의 시종, 마스크를 쓰고 창을 든 우락부락한 호위병, 뗏목의 앞뒤에 길을 살피는 정찰병, 그리고 장신구를 모두 갖추고 성장한 모습의 추장까지, 세련되진 않지만 투박한 정겨움이 묻어 있다.

박물관의 하이라이트는 마지막으로 관람하게 되는 황금실이다. 황금실은 정해진 인원만 순서대로 달걀 모양의 금고에 들어가 한정된 시간만 관람하는 방식으로 운영된다. 동굴 같은 금고 내부에 들어가면 문이 닫히고 불이 꺼지며 고요한 음악이 들려오기 시작한다. 음악소리가 점점 커지고 주변도 조금씩 밝아지면, 숨어 있던 금들이 조금씩 모습을 드러내며 사방에서 빛을 발한다. 비록 만져볼 수도 없고 가질 수는 더더욱 없지만 관람객은 아라비안 나이트의 보물 동굴 안에서 수천 점의 금붙이에 둘러싸인 기분을 만끽할 수 있다.

소금성당을 맛보다

소금광산, 소금사막, 블록처럼 썰어 놓은 암염. 어렸을 때 '세계를 간다' 같은 TV 프로그램에서 몇 차례 본 신기한 지구촌 풍경이다. 소금 채취라면 서해안 염전의 천일염만 떠오르는 나에게 암염은 정말 먼 나라 이야기였다. 그런데 한술 더 떠 호스텔 주인 에르난은 보고따에서 멀지 않은 씨빠뀌라Zipaquira에 소금으로만 만든 성당이 있다고 소개한다. 소금으로 성당

을 만든다는 것이 과연 가능할까? 혹시 관광객을 위해 만들어 놓은 작은 성당이나 미니어처는 아닐까? 미심쩍어 하는 나에게 에르난은 소금성당이 콜롬비아 여행의 하이라이트 중 하나라며 꼭 가보라고 권했다.

광장에서 뜨란스밀레니오Transmilenio를 탔다. 브라질 꾸리찌바Curitiba의 '땅 위의 지하철'이라 불리는 교통 시스템을 벤치 마킹한 것 같다. 160명 정원의 굴절 버스는 턱으로 분리된 전용차선을 달리고, 도로 중앙에 '역'이 있고, 발권, 승하차, 환승 등의 시스템이 지하철과 똑같았다. 뜨란스밀레니오 종점에서 씨빠뀌라로 가는 시외 버스에 올랐다.

보고따 교외 풍경은 중미보다는 캐나다나 미국의 농촌 풍경에 더 가깝다. 낡은 집들이 더러 있기는 하지만 비교적 깨끗하고 여유로워 보인다. 버스를 탄 지 두 시간 만에 씨빠뀌라에 도착했다. 물어 물어 소금성당을 찾아 걸었다. 큰 야자수 두 그루가 서 있는 텅 빈 마을 광장이 나타났다. 광장은 지중해풍의 하얀 회벽에 스페니쉬 기와가 얹혀진 건물들로 둘러싸여 있었다. 화려한 치장 없는 단아한 모습에 마음이 차분해진다. 중앙엔 큰 성당도 하나 있었다. 정성 들여 쌓은 돌과 어도비(진흙을 말려 만든 벽돌) 구조는 플라스터 마감을 하지 않아 그대로 드러났다. 중미까진 어도비 위에 플라스터 마감을 하고 과도할 정도의 온갖 장식이 더해졌는데, 콜롬비아에서는 소박한 어도비 구조를 그대로 드러내고 장식은 지극히 자제된 성당들이 눈에 많이 띈다. 소박하지만 아늑하고 편안하다.

그런데, 소금성당은 대체 어디 있을까? 에르난의 말대로 그렇게 유명한 곳이라면 센뜨로에 있어야 하지 않을까? 한참을 걸어 찾은 소금성당은 예상과 달리 소금 광산의 지하 깊숙한 곳에 자리하고 있었나. 처음 소금성당에 대해 들었을 때 소금성당이 소금 블럭을 쌓아 만든 것이라고 상상했다. 센뜨로에서 다시 길을 물었더니 산으로 가라고 하기에 그럼 소금산을 일부

네온사인을 제외한
모든 것이 소금이다.

파서 만든 그런 성당이 아닐까 생각했다. 하지만 내 추측과는 달리 소금성당은 소금 광산 깊숙이 성당을 '조각'한 것이었다. 터키의 카파도키아Cappadocia 지하 도시처럼 소금성당은 사람의 손길이 쉽게 닿지 않아 더욱 신령한 기운을 머금은 지하 깊숙이 자리하고 있었다.

소금 광산을 파내 만든 성당은 상상보다 규모가 대단했다. 한번에 3,000명까지 수용할 수 있다는 본당은 높이가 20미터는 족히 넘어 보인다. 또 작은 채플들이 수십 개에, 바실리카, 아일, 트란셉트까지 십자 모양의 라틴 십자 평면을 그대로 만들어 놨다. 제단도, 십자가도, 기둥도, 바닥도, 벽도, 천정도 모두 소금이었다. 암염도 생소한 나에게 이렇게 큰 소금 광산이 존재하고 거기에 이렇게 큰 성당이 있다는 게 무척 신기했다. 광산의 벽을 자세히 보니 소금도 여러 종류다. 제단은 다른 광물이 섞인 단단한 회색 빛의 암염이고, 제단의 뒷벽에는 하얀 색의 곱디 고운 소금이 눈송이처럼 붙어 있다. 성당의 내부는 하얗고 투명한 소금의 성질을 이용해서 색색의 조명으로 신비스럽고 성스러운 분위기를 연출하고 있었다. 진짜 소금인지 의심스러워 몇 곳의 맛을 보니 보통 먹는 소금보다 쓰고 더 짠 것 같다.

이 성당은 그 전 옆에 있었던 소금성당이 물 때문에 안전 문제가 생긴 까닭에 1988년부터 4년 동안 다시 이곳에 만든 것이다. 지금까지 이곳에서 11번의 결혼식이 있었고, 가끔 콘서트가 열리기도 하고, 일요일에는 매주 예배가 있다고. 소금 광산이, 게다가 그 깊숙한 곳에 아름다운 소금성당이 존재한다는 것은 더시금 상상치 못했던 것들도 가능할 수 있겠다는 생각을 하게 한다.

시간도 쉬어 가는 레이바

보고따에서 산골마을 비야데레이바Villa de Leyva까지는 구비구비 산길을 넘고 돌아 4시간 거리. 버스는 질주라는 말은 아예 잊어버린 듯 느릿느릿 안데스의 풍경과 하나가 되어 고갯길을 넘어간다. 뚱하Tunja에서 차를 갈아타고 레이바로 넘어가는 고개에서 처음으로 콜롬비아 군인에게 검문을 받았다. 여자들에게는 소지품 수색을 하고 남자들에게는 신체 수색을 했다. 검문이 국경 통과 때보다 더 삼엄해서 잘못한 것 없이 괜히 긴장이 된다. 군인은 내 여권을 가지고 가더니 신기했는지 아니면 해외에서 테러하러 왔다고 생각했는지 여권에 찍힌 도장을 첨부터 끝까지 하나하나 꼼꼼히 보며 시간을 끈다. 진땀이 났다. 혹시 안 돌려주면 어쩌나 하는 불안감마저 들었다. 한참 후에 이상이 없다며 여권을 돌려주는 군인에게 어색한 웃음을 지으며 가슴을 쓸어내렸다. 평온해 보이긴 해도, 보이지 않는 게릴라와의 긴장감은 사라지지 않았나 보다.

이런 주변의 팽팽한 긴장감과 달리 정작 레이바는 시간도 쉬어 가는 듯한 묘한 분위기이다. 수백 년 전의 옛 마을이 그대로 남아서일까? 모든 이에겐 같은 24시간이 주어지지만 서울의 시간은 총알처럼 날아가고, 여기의 시간은 띄엄띄엄 쉬어 가는 것 같다. 레이바는 정말 한가롭고, 조용하고, 아늑하다. 꿈은 저 깊은 곳의 기억들을 끄집어냈고, 이 조그마한 마을에 어울리지 않게 커다랗고 텅 빈 광장 한켠에 앉아 있노라니 잊고 지내던 사람들이 잔잔하게 떠오른다. 보통 도시 같았으면 도착한 날 마을 곳곳을 이미 돌아보았을 터인데 한없이 느긋해진 마음에 오후 해가 저물어 갈 무렵에야 겨우 광장 동쪽으로 난 거리를 조금 걸어보았다.

레이바에서는 콜롬비아 수상 나으리도 벤츠 대신 말을 타고 느리게 느리게 쉬어 간다.

다음 날 오후 뒷산에 올랐다. 레이바의 전경을 보기에 안성맞춤으로 보였다. 수상이 머문다는 호텔 뒤편으로 난 길을 따라 30여 분 올라가니 마을의 전경이 눈에 들어온다. 안데스의 높은 산 밑으로 낮은 구릉이 이어지고 레이바는 그 구릉 사이에 차분하게 자리하고 있다. 멕시코에서부터 여러 콜로니얼 도시의 전경을 보아왔지만 이처럼 순수한 곳은 처음이다. 콜로니얼 도시의 직교체계는 더 없이 선명하고, 마을의 거리에는 모두 돌이 깔려 있고, 집은 하나같이 하얀 회벽에 스페니쉬 기와를 얹었다. 단 하나의 예외도 없이. 화석이라면 가능하겠지만 사람들이 사는 도시가 이렇게 유지되고 있다는 것에 놀라움을 금치 못하겠다.

"초기 스페인 식민시대에 마을이 세워지고 얼마간 번성한 뒤 정치적 주도 세력에서 소외되어 역사의 뒤안길에 있었지만, 기후, 환경 등이 살기에 적합해 외부와 큰 교류 없이 마을은 원형을 계속 유지하였고, 근대에 이르러 마을의 특이함이 외부에 알려지고, 그에 따른 건물 건축 등에 정부 차원의 규제가 생겨서 마을은 보존될 수 있었다."

레이바가 순수한 형태의 콜로니얼 도시로 남은 이유를 이렇게 마을 안내서에 써둔다면 모두들 고개를 주억거리리라. 실은 순전히 내 상상이지만…. 이유야 무엇이든 레이바는 결과적으로 단 한 점의 건축적 외도도 허용치 않은 순수한 스페인풍의 마을로 남았다.

플라사에서 만난 동네 아저씨는 이곳이 여름과 겨울이 구분되지 않고 봄과 가을이 존재하지 않는 특이한 기후라고 한다. 또 고도가 보고따보다 낮아 춥지 않고, 옆 동네 큰 도시 뚱하Tunja보다도 더 따뜻하다고. 한마디로 일년 내내 기후 변화가 거의 없고 살기에 알맞다는 말이다. 하긴 보고따에선 새벽 추위에 깨곤 했는데 이곳에선 아침까지 잘 자는 걸 보면 아침, 저녁으로 확실히 더 따뜻한 듯하다. 그리고 낮에도 그렇게 더운 줄 모르겠다.

레이바에서는 여행객도 레이바의 이런 느긋한 분위기에 쉬이 젖어 드는 걸까? 아무 생각 없이 걷고, 책 읽고, 멍하니 교회벽에 기대 앉아 광장 바라보고, 나처럼 멍하니 앉아 있는 동네 사람과 이야기하고, 심심하면 또 걷고, 그러다가 배고프면 먹고…. 누구도, 무엇도 나를 재촉하지 않으니 레이바처럼 느리게 느리게 지내다 가련다.

레이바의 세 할머니

마을 광장에서 만난 동네 세탁소 아저씨 하이메와 이야기를 나누다 주머니에 있던 조그마한 하회탈을 선물로 줬다. 하이메가 탈이 어디에서 만들어졌는지 궁금해 하기에 안동을 설명해줬다. 그러고 보니 이곳 레이바는 안동과 무척 닮았다는 생각이 들었다. 전통 가옥과 마을이 잘 보존된 조용한 시골이란 것도 그렇지만 무엇보다도 묵고 있는 집의 할머니들은 아련한 내 추억 속의 안동을 떠올리게 한다.

이곳의 사람들은 날 동물원의 원숭이, 아님 원숭이보다 조금 더 인기있는 팬더쯤으로 생각하나 보다. 열에 일곱쯤은 눈인사를 보내고 그 중 두셋은 악수를 청한다. 그리고 그 중 한둘과는 꽤 많은 대화를 나눠야 한다. 또 열에 아홉쯤은 날 보고 '치노'(중국인)라고 생각할 것이고, 그 중 서넛은 내가 들을 수 있도록 '치노'를 외치며 지나간다. '치노'라 부르고 지나가는 이들은 주로 꼬마나 장난스러운 아저씨, 아가씨들인데 그다지 기분이 나쁘지 않다. 중미에서 듣던 '치노'와 달리 여기에서 듣는 '치노'는 내 기분이 달라진 탓도 있겠지만 왠지 다정스레 느껴진다. 악의라곤 없어 보이니까….

확실히 중미에서 남미로 넘어오면서 여행은 뭔가 달라졌다. 전혀 진전이 없었던 스페인어가 늘 것 같은 느낌, 혼자 하는 여행의 고독감이 덜어질 듯한 느낌, 가슴을 옥죄고 있던 긴장감이 풀어지는 느낌, 돈으로 모든 걸 셈해야 했던 버릇이 싫어지는 느낌…. 콜롬비아가 중미 여느 나라보다 잘 사는 것도 안전한 것도 아니지만 이런 느낌들이 생긴 건 콜롬비아에서 만난 사람들 때문이리라. 공항 인포의 아가씨, 플라티퍼스 호스텔의 에르난, 에스뻬란사, 버스 기사, 길에서 우연히 만난 사람, 모두 더없이 친절한 사람들이었다. 내게 뭔가 필요할 듯하면 미리 물어보고 도움을 주는 사람들, 그 동안의 여행처럼 모든 것에 "얼마예요"부터 물었다가 그런 건 무료라며 빙긋이 웃어 보여 나를 겸연쩍게 만드는 그들. 콜롬비아에서는 과테말라에서처럼 교통수단이나 물건값을 휘둘릴까 봐 의심 섞인 질문을 하거나 말을 이해하는 척할 필요가 없었다. 나는 그들 눈에 도와줘야 할 외국인이지 둘러먹고 후릴 돈 덩어리는 아닌 게다.

내가 지금 묵고 있는 이곳은 호텔 이름이 없다. 물론 간판도 없다. 호텔 이름이 뭐냐고 물으니 떼레사 할머니는 그냥 자매들 호텔이란다. 큰 언니 떼레사, 호기심이 많은 발바르, 언제나 조용한 베로니까, 이렇게 세 자매 할머니들이 사는 이 집은 여행안내서에 나오지도 않고 간판을 보고 찾아오는 이도 없다. 찾아올 수도 없다. 나처럼 호텔을 찾다가 길을 잃는 '사고'로 오거나 광장이나 성당에서 싼 호텔을 찾던 여행객들이 우연히 할머니들 손에 이끌려 왔다 행복해 어쩔 줄 모르는 경우뿐이다.

하루는 산에 올라갔다가 저녁을 먹고 어두워져서 집에 들어왔다. 문을 열자마자 발바르 할머니가 나를 껴안으며 안도의 한숨을 쉬신다. 밤이 됐는데 돌아오지 않자 내게 무슨 변고가 생겼을까 할머니들 걱정이 많으셨던 모양이다. 그리곤 날 앉혀놓고 산에 갔다가 실종된

40대 부부 얘기, 혼자 트레일 갔다가 안 돌아온 젊은이 얘기를 하며 나에게 혼자는 절대 산에 가지 말라고 신신당부이다. 날 기다리는 내내 "Oh, Dios!"(신이여!)를 외치며 기도했다고. 말씀을 마치고는 저녁은 먹었는지 물으며 배고프면 저녁 식사를 같이 하자고 청한다. 할머니의 말씀을 듣고 여행 내내 짐을 맡기면 얼마, 물은 얼마, 밥은 얼마 하면서 모든 것을 돈으로 계산하는 데 익숙해진 내가 그들에게도 그런 식으로 대하려 했던 것이 정말 미안하다. 참 정이 많은 할머니들….

대학 시절 추운 겨울 혼자 여행을 하다 안동에 들렀고, 날이 저물어 우연히 안동의 한 할머니 집에 묵게 되었다. 그때 할머니는 "반찬은 변변찮아도…" 하며 저녁을 차렸고 난 고추장에 밥을 비벼 할머니와 맛있게 먹고, 시골 고향 할머니 댁에 온 것처럼 마음 편하게 하룻밤을 보낼 수 있었다. 그때처럼 정말 우연히 만난 이곳 레이바의 할머니들도 나를 마치 고향에 찾아온 손자 대하듯 해주신다.

아침에 일어나면 "일어났니, 띤또tinto 마실래?"라며 진한 커피에 설탕을 넣은 띤또를 타 주고, 아침 대신 바나나를 먹고 있으면 "바나나는 이렇게 먹는 거야"라며 바나나를 얇게 저며 집에서 짠 우유를 섞어 플라따노 꼰 레체platano con leche(바나나와 우유)를 만들어 내놓던 분들. "TV 보고 싶니?", "오늘은 장에 가봐야지", "샤베트 먹을래? 이건 집 뒤 정원에서 딴 걸로 만들었단다", 할머니들 덕택에 난 식당에선 맛볼 수 없는 진짜 콜롬비안 가정식을 먹으며 고향집에 온 것처럼 행복해했다. 할머니들은 묵고 있는 동안은 한 가족이란다. 말은 비록 잘 통하지 않지만 나의 여행을 걱정하며 목에 마리아상이 그려진 목걸이를 걸어주곤 건강하라며 꼬옥 안아주던 레이바의 할머니들, 그들은 아름다운 레이바의 풍경만큼이나 내 맘속에 오래오래 기억될 것이다.

까르따헤나의 버거운 화려함

비행기 문을 나서자마자 후덥지근한 기운이 덮쳐온다. 갑자기 아찔하다. 비행기를 잘못 타서 다시 중미로 돌아온 건가? 모든 게 흡사 파나마 같다. 사람도 많고 보고따에선 드물었던 검은 피부들이 확 늘었다. 거리는 중미 같은 활기로 넘실거린다. 장사치들이 너무 많아 길을 걷기조차 힘들다. 우아함이 배어나던 레이바나 보고따 길거리의 스페인어는 온데간데없고 사람들은 다시 우당탕 싸우듯 말한다.

까르따헤나가 유명한 것은 아름답기로 소문난 콜로니얼 구시가지 때문이다. 소문대로 콜로니얼 풍의 구시가 지역은 독특하게 예뻤다. 이곳은 멕시코 식의 콜로니얼 도시와는 매우 다르고, 같은 풍의 파나마 구시가지보다도 보존상태가 뛰어나다. 파나마 발코니를 내민 건물들은 화려한 원색의 옷을 입었고, 황토색 사암으로 지어진 성당은 물씬 고급스럽다. 이 모든 것이 해적을 막기 위해 쌓았다는 해변의 육중한 성곽에 둘러싸여 보호되고 있었다.

헌데 화려함이 지나쳤을까? 자꾸 보니 놀이동산 같다는 생각에 편치를 않다. 외단열재 마감 위에 알록달록하게 색깔을 입힌 디즈니랜드의 성채가 계속 머리에 떠오른다. 완벽한 보존이 오히려 인간미를 없애버려 내가 끼어들 틈을 주지 않는 것일까? 까르따헤나의 첫 장면은 숨이 멎을 만큼 아름다웠으나 오래 두고 보자니 그 화려함이 짐짓 버거워진다.

싼아구스띤에 모여드는 보헤미안

32시간 30분. 까르따헤나Cartajena에서 싼아구스띤San Agustin까지 이번 여행 중 가장 긴 이동을 했다. 까르따헤나에서 보고따까지의 육로 이동은 알려진 것과는 달리 그닥 위험스러워 보이진 않았다. 현 대통령이 두 구간의 게릴라를 소탕해서 현재 두 도시 사이는 평온하다는 현지인들의 이야기이다. 반복되는 검문, 규칙적으로 배치된 중무장한 군인들, 곳곳에 보이는 장갑차들, 이런 것들이 아직 이곳에 평화가 완전히 정착되지 않았음을 반증하고 있었지만, 눈이 시리도록 아름다운 안데스 산기슭에서 풀을 뜯는 소들은 그저 한가로워 보일 따름이다.

싼아구스띤에서는 넬리 집에 머물렀다. 이 집은 뭔가 독특한 분위기의 거처이다. 잘 가꿔진 여러 식물이 가득한 정원과 그 속에 까바냐Cabaña(별채) 몇 채를 거느린 넬리 집은 작은 아시엔다Hacienda(중남미의 농장)를 연상시키는 곳이다. 내가 마을에서 훌쩍 떨어진 이곳까지 들어온 것은 보고따 호스텔에서 만난, 싼아구스띤이 고향인 여행자의 적극적인 추천 때문이었다. 이곳은 명목상 호스텔이긴 한데 적극적으로 손님을 유치하려는 마음은 전혀 없어 보이고, 여행자들의 한가로운 공동체 같은 느낌이 드는 곳이다.

주인인 프랑스인 넬리는 프랑스로 떠나고 없었고, 나 같은 여행자인 프랑스인 제로와 현지인인 릴리가 주인 노릇을 대신한다. 그리고 까바냐에는 이탈리아와 영국 국적을 가진 게리, 그의 아내, 그리고 콜롬비아 국적인 그들의 귀여운 아들이 머문다.

넬리 집의 재미는, 날마다 이 집으로 마실 오는 이들의 특이한 면면들로 인해 배가된다. 베트남 성이 이름에 섞여 있는 프랑스인 발레리, 여기에 까페를 열고 프랑스와 이곳을 번갈아 가며 산다는 중년의 남자, 산속에 산다는 레게 머리의 수행자, 보헤미안 분위기를 풍기는 한 커플 등등. 그들은 시도 때도 없이 자기 집 드나들 듯 찾아와 앞마당서 저글링을 하고, 동양철학에 대해 논하거나, 기타 치며 노래 부르고, 가끔 말을 탄다. 모두 걱정이 하나도 없는 듯 웃음 띤 얼굴을 하고서 읊조리듯 나지막하게 말한다. 아침 저녁으로 대마초를 돌려가며 피우는 것도 그들에겐 정말 자연스러워 보인다. 그러고 보니 이곳을 내게 추천한 그 친구도 여기 끼워 놓으면 잘 어울릴 법한 사람이었다.

집의 분위기가 이러한지라 가끔 여행자가 한둘 오긴 하는데 보통 하루 이틀을 머물다 못 견디고 떠나거나, 눌러 살 것처럼 오래 머물게 되거나 둘 중에 하나가 되는 듯했다. 나는 이곳에서 이도 저도 아닌 일주일

을 머물렀다. 이런 분위기에 적응 못하고 떠나버리는 미국 여행자는 아니었지만, 그렇다고 그들처럼 내가 살던 세상을 잊어버리고 방랑자로 살기엔 차마 떨치지 못할 것들이 너무 많았다. 마음으로야 보헤미안을 동경하고 역마살에 여행하고 인생을 수도하듯이 사는 이들이 부러웠지만, 가족을 잊고 살거나 내가 살던 곳에서 내가 해온 일들을 송두리째 포기하고 이런 생활을 할 용기는 전혀 없었다. 짧은 머리에 찢어진 검은 색 눈, 대마초는커녕 담배도 안 피우는 내가 그들과 하나가 된다는 것은 애초부터 어울리지도 않았다. 나는 그저 한켠에 앉아 그들의 이야기를 듣고, 노는 모습을 구경하며 즐거워하는 것으로 만족했다.

하루는 까바냐에 사는 게리와 이야기를 나누게 되었다. 게리는 이탈리아인 아버지와 영국인 어머니 사이에서 태어나 두 나라를 오가며 자랐다. 대학에서는 인류학을 공부했고 그 후론 여행하며 살고 있으며 콜롬비아에 머문 지는 7년째였다. 게리가 인도, 라다크, 티벳에 관한 이야기를 들려주었다. 그가 티벳에 갔을 때 운좋게 달라이라마를 만나게 되었고 그에게 질문할 기회가 주어졌다. 그가 물었다. "티벳 승들은 왜 고기를 먹는가?" 달라이라마가 답했다. "티벳에서 먹을 만한 것이라곤 동물 밖에 없어. 우리가 먹을 만한 식물은 살 수 없거든." 이렇게 시작한 그와의 대화는 여행과 인생, 동양과 서양, 남미의 문명을 넘나들며 밤이 깊도록 이어졌다. 게리는 세계 여러 곳을 떠돌며 살아왔지만 자신의 마음의 고향은 이곳 콜롬비아 싼아구스띤이라고 여긴다. 그리고 나에게 항상 세상에 마음을 열고 살라며 웃어 보였다. 게리와 그의 앙증맞은 꼬마, 그의 부인은 세계를 떠돌며 여행이 삶 자체인 채로 살아간다. 그는 이 생활이 무척 행복하며 다시 태어나도 지금처럼 여행하는 삶을 살아가겠단다.

이들에게 돈이나 명예 따위의 통속적인 행복의 기준들이 무슨 쓸모가 있으랴. 그런 욕심들을 버리고 마음을 비우면 그 빈 자리로 평안과 행복이 찾아드는 것일까? 안데스의 깊은 골짜기, 넬리 집엔 오늘도 세상이 늘 평화롭고 행복하기만 한 보헤미안들이 모여들고 있다.

'천불천탑' 에서 만난 메데진의 젊은이들

원래 내가 게릴라로 둘러싸인 산골마을 싼아구스띤까지 찾아온 건 이곳에 있다는 고대 유적 때문이었다. 싼아구스띤 일대에는 기원전 3300년경부터 만들어졌다는 고대인들의 조각상이 안데스 계곡 곳곳에 숨겨져 있다. 계곡 여기저기에 흩어진 유적을 보려면 왠지 말을 타고 바람을 가르며 안데스를 달려야 할 것만 같았다. 그래서 여행오기 전 안데스의 멋진 경치를 머리에 그리며 말타기를 배웠다. 이름만 들어도 뭔가 신로운 게 숨어 있을 듯한 이곳을 마치 탐험가라도 된 양 말을 타고 누비는 상상은 나를 마냥 즐겁게 했다.

유적들은 듣던 것처럼 때론 계곡의 끝 천길 낭떠러지에서, 때론 안데스가 바라보이는 산 정상에서, 때론 얌전한 모범생처럼 양지바른 잔디밭에서 세월을 견디고 있었다. 나는 안데스 산자락을 힘겹게 오르고 푸르른 구릉을 전속력으로 달리며 안데스 산사나이가 된 것처럼 유적들을 둘러보았다. 사실 싼아구스띤의 유적들은 마야의 거대한 그것들과는 전혀 달랐다. 고대 유적지라면 웅장한 신전이나 거대한 부념이 떠오르지만 싼아구스띤의 유적은 다소 익살스러운 모습의 조각상들이 전부였다. 조각상은 조그마한 손바닥만한 것부터 7미터 크기까지 다양했고 그중 등신대로 고인돌을 떠받든 조각상이 주종을 이루었다.

특별한 기교가 발휘되지 않은 해학적이고 소박한 조상의 모습이 화순 운주사의 천불천탑과 닮아 있다. 또 이곳의 조각상들이 만들어진 시기가 11~12세기 즈음이니 그도 비슷하고, 산 여기저기에 흩어져 있는 모습도 우연이지만 닮았고, 정확히 누가 만들었는지는 전설로만 얘기된다는 점도 흡사하다. 그런 까닭인지 여기 유적들의 모습은 낯설지 않고 눈에 편안하다. 마에스트로 조각가가 아닌 무지랭이 민초들의 손길이 느껴지는 조각상의 해맑고 익살스런 표정을 보고 있노라니 내 얼굴에는 나도 모르는 새 웃음이 번진다.

며칠 동안 계곡 곳곳을 돌아보고 마지막으로 대표적인 조각상을 모아놓은 고고학 공원을 찾았다. 싼아구스띤이 워낙 외진 곳이라 관광객이 많지 않은 편인데다 유적이 드문드문 흩어져 있는 까닭에 유적지는 항상 고즈넉한 분위기가 감돌았다. 그런데 고고학 공원에서는 어느 대학에서 유적지 답사라도 온 모양으로 한 무리의 학생들이 눈에 띄었다. 조각상 앞에서 사진을 찍고 있는데 입구에서 본 대학

생 일행인 듯한 한 학생이 말을 걸어온다.

“올라, 꼬모 에스따스?(안녕하세요?) 저희는 메데진Medellin에서 온 대학생인데요. 어디에서 오셨어요?”

보통 현지인들은 내 국적이 궁금하면 으레 중국인이라고 짐작하고 “치노?”라고 묻는다. 하지만 이 친구들은 자신들을 밝히고 무척 공손하게 어디에서 왔는지 물었다. 안드레스와 앙헬라, 메데진에서 언론 매체학을 공부한다는 그들과 나는 그렇게 만났다. 몇 마디의 대화가 오간 뒤 메데진의 대학생들은 나를 스스럼없이 자신의 일행처럼 대하기 시작했다. 유적 구경을 함께 함은 물론이고 각 유적지마다 나를 위한 설명을 빠뜨리지 않았다. 사진을 함께 찍고 음료수와 먹을 것을 함께 나누고 이런저런 이야기를 하다가 헤어지기가 아쉬워 오늘 그들이 묵는다는 싼아구스띤의 호텔에서 다시 만나기로 하고 작별했다.

그들이 떠난 언덕에 홀로 앉아 굽이치는 안데스의 능선들을 바라보며 시간을 더 보내다가 산을 내려왔다. 그런데 나보다 한 시간은 먼저 간 그 친구들이 아직까지 유적지 입구에 머물고 있었다. 나를 기다리고 있었다며 반가워한 그들은 나를 위해 산 기념품을 건네준다. 처음 본 외국인에게 스스럼없이 먹을 것을 나눠주고, 오랜 친구인 양 뒤로 처지는 나를 챙기더니, 저녁에 못 만나서 전해주지 못할까 걱정했는데 여기서 다시 보게 되어 정말 다행이라며 환한 얼굴로 선물을 건네며 웃어 보인다. 비록 복제품이지만 낯선 외국인에게 마음을 연 그들의 진심이 느껴지기에 어떤 선물보다 기쁘기 그지없었다.

저녁식사를 하고 약속장소인 그들의 호텔로 찾아갔다. 안드레스와 앙헬라는 단체여행을 왔지만 놀랍게도 같은 방을 쓰고 있었다. 그리고 다른 친구들도 그들이 커플이니 같은 방 쓰는 것을 당연시하는 분위기였다. 친구들끼리 단체여행을 가면 남녀관계에 더욱 조심하는 우리네 문화와 정말 다른 모습이다.

그날 저녁 우린 마을의 한 까페에서 술자리를 함께 했다. 내 스페인어가 갑자기 늘 리 없을 텐데 이상하게 술을 마시면 의사소통에 어려움이 덜어진다. 난 그 친구들에게 한국말을 가르쳐주고, 나는 스페인어, 그것도 메데진 사투리를 배우고, 내가 이해를 잘못해 분위기가 어색해질 땐 모두들 잔을 부딪히며 내가 가르쳐준 "위하여"를 외치며 한바탕 웃고…. 그 순간 우리 사이에는 언어의 한계도 인종의 경계도 없는 듯했다. 그 친구들은 나에게 메데진을 꼭 들르라고 부탁한다. 안드레스는 "내 집은 너의 집"Mi casa, tu casa이라고 하고, 후아나는 먹는 건 자신이 책임지겠다고 하고, 다비드는 메데진 관광을 도맡겠다고 나선다. 안드레스가 품에서 꺼낸 메데진에서 가져온 술을 나눠 마시며 우린 간만에 만난 오랜 친구처럼 콜롬비아 이야기, 한국 이야기, 여자친구 이야기로 밤이 깊어가는 줄 몰랐다.

내가 준 작은 선물을 돌려보면서 좋아하는 그들, 내가 혼자인데다 호텔이 머니 굳이 바래다 주겠다며 함께 길을 나서는 그들, 헤어지기를 아쉬워하며 메데진에서 꼭 다시 만나자는 말을 여러 번 잊지 않는 그들. 콜롬비아의 오지 싼아구스띤 '천불천탑' 사이에서 만난 열린 마음의 메데진 젊은이들 덕분에 여행자의 가슴엔 따뜻함이 가득하다.

난데없이 한글 선생이 되다

"나 스페인어 배우고 싶어요. 스페인어 학원 좀 알아봐 주세요."

이렇게 대담하게 물었던 건 뽀빠얀Popayan 행 심야버스에서 사로잡을 자며 울퉁불퉁한 산길을 달려온 터라 잠시 멍했던 까닭이었으리라. 그래서 스페인어 학원 같은 건 없을 거라고 100% 확신하면서도 여행안내소의 어린 경찰에게 황당한 부탁을 하고 말았다. 그런데 잠결에 꺼냈던 이 엉뚱한 이야기가 내 여행계획을 송두리째 바꿔놓았다.

콜롬비아에 머문 지 3주, 난 이 나라가 걷잡을 수 없이 좋아졌다. 콜롬비아는 세계 어느 곳보다 아름다웠고, 생활의 질은 그럭저럭 괜찮은 반면 물가는 쌌고, 무엇보다도 콜롬비아 사람들은 잘 생기고 친절한데다 우아한 스페인어를 썼다. 스페인어를 여기서 배우면 좋겠다는 생각도 그래서 생겨났으리라. 하지만 관광객도 드문 이 작은 도시에 스페인어를 가르치는 기관이 있을 리 만무했다. 그럼에도 불구하고 착한 인상의 어린 경찰은 나의 이 황당한 질문에 온 동네 어학원을 일일이 수소문해주었다. 부탁했던 내가 미안할 만큼 많은 전화를 걸어본 후, 그는 마지막으로 자기 부서 총책임자에게 물어보자고 한다. 잠시 후에 들어온 후덕한 인상의 총책임자 아저씨는 잠시 골똘히 생각하더니 어디에 전화를 걸고선 나에게 '하메스'란 이름을 적어줬다. 그때까지도 내가 이곳에 오래 머물게 될 거라고는 상상하지 못했다.

그로부터 두 주가 흘렀다. 관광안내소의 경찰 아저씨가 소개해준 하메스는 까우까 주립대학 영문과 교수로 어학연구소 소장이었다. 스페인어를 배우겠다고 스페인어를 더듬거리며 말하는 동양인이 재미있었는지 그는 자신의 제자 중 한 명을 내 스페인어 선생으로 붙

화투 배우기

여줬고 어학연구소에서 일도 할 수 있도록 도와줬다. 그리고 난 그 사이 뽀빠얀 시내가 굽어보이는 전망 좋은 방을 구했고, 나날이 뽀빠얀의 일상에 익숙해져갔다. 그리고 뜻하지 않게 한국말 강의까지 하게 되었다.

하루는 어학연구소 직원들이 한국에 대해 이야기해 달라기에 한국의 자연, 문화, 계절, 분단 상황 등을 사전을 찾아가며 더듬더듬 말해줬다. 이야기는 자연스레 강의로 이어졌고 나는 내친 김에 독창성과 우수성을 강조하며 개략적으로 한글을 소개하였다. 그런데 이야기를 듣는 사람들의 반응이 뜻밖이었다. 모두 초롱초롱한 눈빛으로 사뭇 진지하게 내 이야기를 듣고는 수업이 끝나니 몇몇은 다음에도 한글을 가르쳐 줄 수 있는지 심각한 표정으로 물어왔다. 예상치 못한 부탁이었지만 나는 기쁜 마음으로 흔쾌히 수락했고, 내가 여기 머무

는 동안 주기적으로 가르치는 방법을 찾아보자고 약속하게 되었다. 이렇게 우연한 기회에 시작한 한글 수업을 하메스와 의논 끝에 1주일에 두세 번씩 총 4주, 10회에 걸쳐 진행하기로 했다.

콜롬비아 사람들이 한국을 알고 있는 것은 주로 '윤다이' Hyundai(스페인어에서 H는 묵음) 즉 '현대' 에서 비롯한다. 이곳 뽀빠얀은 수도에서 10시간 거리지만 꽤 많은 한국산 차가 팔리는 곳이다. 한국은 싸고 좋은 옷을 만드는 나라로 인식되고, LG나 삼성이 한국 상표라는 것도 많이 알려진 편이다. 심지어 교민은 거의 없는데도 불구하고 케이블 텔레비전에 '아리랑 방송' 이 나왔고 거기서 한국드라마를 시청하는 이들도 종종 있었다. 그럼에도 불구하고 아직까지 한국은 콜롬비아 사람들에게 지구 반대편의 멀고도 낯선 나라였다.

이런 이들에게 10번의 한글 수업은 어떤 의미일까? 어떤 미국인의 "한글을 배우려는 사람이 과연 있더냐?"는 반문처럼 한글을 가르치는 나 자신도 한글을 배워 이들이 과연 무엇에 쓸까 적잖이 고민이 됐다. 또 왕초보 한글 선생인 내가 한국 문화, 한글을 처음 접하는 외국인들에게 뭘 어떻게 가르쳐야 할지도 막막했다. 한가지 다행인 것은 수업을 듣는 나의 학생들이 영어나 다른 외국어를 전공한 뒤 어학연구소에서 일하는 이들로서 비교적 외국어 학습에 익숙한 편이라는 점이었다.

고심 끝에 수업은 주로 한국 문화와 한국의 자연을 소개하는 내용으로 채웠다. 지속적으로 가르치는 것이 불가능하기 때문에 한글 몇 마디 가르치기에 주력하기보다는 한국에 대한 바른 이해가 더 먼저라고 여겼던 것. 그래서 한글 읽기와 표기법, 의문사를 이용한 아주 간단한 회화, 그리고 매시간 강의와 관련된 한국 자료를 들려주고 보여주는 것으로 강의내용을 정했다. 강의는 10분은 반복적으로 모음과 자음을 익히고, 40분은 그날의 표현을 공부하고, 10분은 그와 관련된 사진을 보거나 음악을 듣는 것으로 구성했다.

초반 두 번의 강의에서는 한국의 문화, 역사, 지리에 대한 설명을 하고 한글의 열 네 자음과 열 개의 기본 모음을 가르쳤다. 그리고 다음 시간에는 한글로 자신의 이름과 고향을 쓰는 것을 배우면서 어색한 발음이지만 "어디에서 왔습니까?", "나는 콜롬비아에서 왔습니다", "당신은 누구입니까?", "나는 아무개입니다"를 서로 묻고 답하는 유쾌한 시간이 이어졌다. 처음부터 한글은 스페인어와 같이 '포네틱' phonetic(쓰는 대로 읽힌다)해서 배우기 쉽다고 누누이 강조하던 터였고 예상외로 나의 기특한 학생들은 수업을 잘 따라오는 듯했다.

그 기특함에 용기백배하여 네 번째 강의부터 본격적으로 의문사를 중심으로 간단한 문장을 이용한 회화를 가르치기 시작했다. 하지만 너무 과도한 욕심이었을까? 강의가 거듭될 수록 학생들은 하나 둘 수업에 흥미를 잃어가는 눈치였다. 수업은 준비해간 자료의 삼분의 일도 마치지 못할 때가 다

까우까 대학 어학 연구소를 위해 필자가 디자인 한 로고

반사였고 학생들은 처음의 초롱초롱한 눈빛을 잃어버리고 하품을 하거나 슬며시 자리에서 일어나 나가버리기도 했다. 그들에게 한글은 더 이상 '포네틱' 하지 않은 모양인지 학생들은 이상하리만큼 발음에 애를 먹었다. 학생들의 따라 읽는 소리가 점점 잦아들고 그에 따라 내가 흘리는 진땀의 양은 점점 늘어갔다.

이런 몇 번의 시행착오 끝에 나는 수업 방향을 다시 원점으로 돌려야 했다. 먼저 수업분량을 대폭 줄였고 언어를 가르치는 것을 거의 포기하고 다시 문화와 자연 관련된 내용에 중점을 두어 수업을 진행했다. 그래서 학생들의 관심사인 한국 사진과 한국 음악을 중심으로 수업을 재구성하였다. 또 우리 문화와 콜롬비아 문화의 접점이 무엇일까 고민하며 수업에 반영하고자 했고, 그 결과로 그들도 성경을 통해 익히 알고 있는 고린도전서 13장의 사랑에 관한 노래("사랑은 언제나 오래 참고, …")를 부르면서 나의 한글 강의는 끝을 맺기에 이른다.

어쩌면 평생 다시 접하지 못할 지구 반대편 작은 나라의 말은 그들에게 아무짝에도 소용이 없을지 모르겠다. 하지만 열 번의 수업에서 배운 문장 하나 단어 하나 기억하지 못할지언정 그들은 한국의 존재를 알게 되었고 최소한 중국, 일본, 한국을 구분할 수 있게 되었으리라. 지금 당장 가시적인 효과는 없겠지만 내가 가르친 학생들의 가슴 한켠에는 아직도 함께 들었던 진도아리랑의 흥겨운 가락이 남아 있을 것이다.

어런더런 시장통

하얀 도시의 쎄마나 싼타

아침에 운동을 하러 집을 나서는데 오늘도 옆집 할아버지는 담벼락에 하얀 회를 덧입히느라 분주하다. 누가 시킨 것도 아니건만 할아버지는 며칠째 저렇게 담벼락을 하얗게 칠하는 데 지극 정성이다. 할아버지에게 쎄마나 싼타Semana Santa(부활절)는 새벽부터 일어나는 수고로움을 감내할 만큼 중요한 모양이다.

라틴 아메리카의 최대 명절 쎄마나 싼타가 가까워졌다. 뽀빠얀의 쎄마나 싼타는 콜롬비아에서도 가장 크고 유명하다. 지금 뽀빠얀 시내는 온통 쎄마나 싼타에 맞춰 새 단장이 한창이다. 관공서들은 페인트칠을 하고, 도로가 재포장되고, 가로등이 교체된다. 거리 곳곳에 꽃장식이 내걸리고 길 양편으론 깃발이 나부낀다. 가정에서도 이 기간에 맞춰 집을 수리하고 여러 가지 음식을 준비한다. 관공서, 회사, 학교 등 모든 것이 축제기간 일주일 내내 멈춰버린다. 대신 극장과 공원에서는 콜롬비아에서 가장 유명한 극단,

오케스트라 등의 공연이 연일 벌어진다. 시민 모두가 축제 준비에 부산하고 축제 내내 온 도시가 술렁인다. 이 모든 것을 위해 일년 내내 쎄마나 싼타만을 준비하는 관청이 있을 지경이다. 쎄마나 싼타는 뽀빠얀 사람들에게 그리도 중요하고 대단한 행사였다.

뽀빠얀은 온통 하얀 얼굴을 하고 있는, 시간이 멈춘 듯한 작은 도시다. 그에 걸맞게 여느 때는 늘 조용하고 한가롭다. 하지만 쎄마나 싼타 기간이면 뽀빠얀의 표정은 돌변한다. 콜롬비아와 외국에서 몰려든 사람들로 호텔은 가득 차고 도시는 활기를 띠는 정도를 넘어 터져버릴 지경에 이른다. 한번은 저녁 먹으러 나갔다가 사람들이 프로쎄션procession (성경의 장면을 인형으로 재현한 빠소를 운반하는 퍼레이드)을 보러 몰려드는 바람에 집에 못 돌아 올 뻔한 일이 생기기도 했다. 이 도시에 살고 있는 사람들이 모두 나온다 해도 이렇지는 않을 텐데.

쎄마나 싼타를 제대로 구경시켜 주겠다며 어학연구소 직원인 끌라레라가 초대를 했다. 남편인 디에고는 토목기술자로 비슷한 분야에서 일했던 내가 참 반가운 모양이다. 그는 몇 년째 프로쎄션에 참여하고 있었다. 그는 여러 해 동안 무거운 빠소를 짊어지느라 어깨에 군살이 배겼다며 오늘 프로쎄션도 참가한다고 자랑이다. 오늘 그가 입을 푸른 색 의상을 구경하고, 작년 축제 비디오를 보며 설명을 듣고, 그와 함께 성당에 가서 쎄마나 싼타에 쓰일 여러 물건들을 보고 나니 쎄마나 싼타가 어떤 행사인지 어렴풋이 짐작이 간다.

프로쎄션이 시작되는 저녁까지 기다려 한껏 기대에 부풀어 시내로 나섰다. 먼저 프로쎄션이 출발하는 성당으로 갔지만 몰려든 인파 탓에 접근조차 힘들었다. 그래서 행진할 쪽으로 걸으며 앉을 자리를 찾았건만 이미 몇 킬로미터나 되는 진행구간이 사람들로 가득 차서 비집고 들어갈 틈을 찾기도 쉽지 않았다. 한적한 곳을 찾아 헤맨 끝에 프로쎄션 진행로의 중간쯤 되는 곳에 겨우 자리를 잡았다.

한참을 기다리니 여군들로 이뤄진 선두가 나타났다. 프로쎄션의 첫 인상은 매우 엄숙하고 단조로웠다. 물론 종교적인 행사이기에 브라질의 카니발과는 다르리라 생각했지만 이렇게 정적이리라고는 상상하지 못했다. 프로쎄션은 콜롬비아의 현실을 반영하여 어느 정도 군사문화와 버무려진 형태를 띠었다. 그래서 선두와 중간중간 그리고 끝부분까지 군악대와 군인(콜롬비아에서는 군인이 곧 경찰이다)의 행진이 이어졌다. 선두에 선 여군은 미모를 기준으로 뽑은 듯했고, 자세히 보니 빠세오(퍼레이드)를 같이 가서 익히 안면이 있는 대학생들도 눈에 띈다. 군인은 아니지만 쎄마나 싼타 기간에 일종의 자원봉사를 하는 모양이다.

프로쎄션의 가장 중요한 요소는 성인을 모신 빠소로 오늘 14개가 운반될 예정이었다. 각 빠소는 양초에 붙여진 불을 지키는 어린이들인 씬디꼬Sindico가 한 명씩 있고, 8명의 장정이 한 조를 이뤄 어깨에 지고서 운반한다. 예수나 마리아를 모시는 빠소는 다른 빠소와 구분이 되도록 지붕이 있고, 예쁜 아가씨 싸우마도라Sahumadora 한 명이 빠소에 약간 앞서서 향과 꽃을 들고 걸어간다. 이 싸우마도라들은 미인대회를 통해 선발한 듯 매우 예쁘고 전통복장에 아름다운 치장을 했다. 여군도 그렇고 싸우마도라도 그렇고 예쁘고 젊은 아가씨들만이 그 역할을 한다는 것이 흥미롭다. 간간이 각종 악단과 합창단, 그 밖의 여러 사회 단체가 섞여 프로쎄션을 함께 했다.

프로쎄션의 양편으로 촛불을 든 일반인들이 프로쎄션의 마지막에서 그들을 따른다. 이렇게 구성된 프로쎄션의 총 길이는 1킬로미터가 훨씬 넘어 보였다.

프로쎄션은 출발한 지 두 시간이 지나서야 내가 자리를 잡은 진행로의 중간 지점에 도착했다. 그럼 한 번의 프로세션에 네 시간 이상이 걸린다는 계산인데, 이것을 화요일부터 일요일까지 계속한다니 정말 거창한 행사가 아닐 수 없다. 오랜 시간 디에고가 운반하는 빠소를 찾아 헤매다 결국 발견하지 못하고 피곤해져서 집으로 돌아와야 했다. 보는 것도 이렇게 힘든데 일주일 내내 참여하는 사람들은 쎄마나 싼타가 끝나면 요양이라도 가야 하지 않을까? 이토록 힘든 행사에 참여하면서 그토록 자랑스러워 하다니….

프로쎄션은 금요일에 절정을 이룬다. 단 하루 구경에 지쳐버린 몸이지만 그날은 다시 구경하기 좋은 자리를 찾아 헤맬 터이다. 매일 프로쎄션에 참여하지 않는 대신에 부대행사로 열리는 콘서트나 풍물시장을 기웃거리는 게 내 성미엔 더 잘 맞다. 하긴, 뽀빠얀 사람들에게 이토록 힘든 행사를 그토록 감사해하며 참여케 하는 '신앙의 힘'이 있다면 나에게는 인생의 한 자락을 크게 뚝 떼어내 이국의 땅 중남미를 기웃거리게 하는 '호기심의 힘'이 있지 않는가!

다 함께 투우를

멕시코에서부터 가끔씩 지도에서 투우경기장을 확인하곤 했었지만 가볼 기회가 없었다. 라틴 아메리카의 주요 도시에는 투우장이 있고, 이곳 뽀빠얀에서도 격주로 투우가 열린다. 한번은 점심 초대 받았던 자리에서 투우 이야기를 꺼냈더니 친구 엘레오노라랑 그녀의 어머니는 투우가 잔인하다며 싫단다. 맞다. 텔레비전에서 봤던 투우는 그저 그런 시시한 쇼에 지나지 않았다. 게다가 지친 소를 굳이 죽이고야 마는 잔인한 쇼였다. 그런데 뽀빠얀의 투우는 한마디로 유쾌한 놀이였다. 시종일관 웃음이 떠나지 않는.

투우는 총 4부로 나뉘어 진행되었다. 1부는 소에 가끔 받히는 광대들의 어리버리 투우, 2부는 미친 듯 뛰어다니는 황소와 3, 4인의 투우사 순서, 3부는 꼬마 투우사들과 송아지들의 어리광, 4부는 '모두를 위한 투우' 순이었다.

수소는 침을 질질 흘리고 헛발길질을 해대며 붉은 천을 상대로 애처롭게 전의를 불태운다. 투우사는 붉은 천을 요리저리 움직여 미친 듯 달려오는 수소가 어디를 받을지 갈피를 못 잡게 해서 지치게 만든다. 동작을 제때에 정확히 못하면 소에 받히거나 천을 빼앗기기도 한다. 뽀빠얀 투우사들은 관중들에게 인사하고 답례하는 것만 '프로'답고 예상보다 훨씬 아마추어 수준이었다. 얼굴은 소를 피해 도망 다니느라 다들 불콰해졌고 크게 다치는 경우는 없었지만 가끔 소에 들이받혔다.

그럴싸한 복장의 꼬마 투우사들도 제법 자세를 취하기는 했지만 투우를 한다기보다는 송아지하고 노는 수준이어서 송아지에 엉덩이를 받혀 도망 다니는 경우가 다반사였다. 그래도 가끔은 멋진 동작으로 송아지를 요리해서 박수 갈채를 받았다. 4부 '모두를 위한 투우'는 놀랍게도 원하는 관중 누구나 참여할 수 있는 투우 무대였다. 위험할 것만 같은 투우에 이런 참여무대를 만들 생각을 하다니…. 주로 장난기 어린 청소년을 중심으로 10명 정도의 사람들이 소 한 마리와 대결을 벌였는데 간혹 위험한 상황도 있었지만 시종 우스꽝스러운 사람들의 행동에 장내엔 즐거운 재잘거림이 끊이질 않았다.

꾸스꼬
오얀따이땀보
마추픽추
리마
바예스따스
나스까
꼴까계곡
아레끼빠
띠띠까까

페 루

[Peru]

Lima
Isla Ballestas
Nasca
Arequipa
Cañon de Colca
Cusco
Ollantaytambo
Machu Picchu
Amantani
Uros
Taquile

협수룩한 인프라와 찬란한 고대문화

여행도 는다. 이곳 리마Lima는 여러 면에서 꼭 멕시코 같다. 그래서 편안하다. 누가 리마, 그것도 센뜨로는 위험하다 했던가. 대도시는 어딜 가나 이 정도 아닌가. 사람들 얼굴이 다시 인디언 짬뽕으로 바뀌었다. 멕시코 사람들처럼 펑퍼짐한 얼굴에 부리부리한 눈, 오똑하고 큰 코, 까무잡잡한 피부. 모두 사촌 형제처럼 생겼다. 대책 없이 친한 척 하는 것도, 콜롬비안처럼 세련되거나 다정하다는 느낌은 없지만 대부분 친절한 것도 멕시코 사람들과 비슷하다. 할 줄 모르는 영어 흉내내는 것도 그러하고. 흰 피부를 아슬아슬하게 드러내놓고 다녀 시선관리에 어려움을 주던 아가씨들은 국경을 둘 넘는 새 모두들 꼭꼭 숨어버렸다. 거리엔 튼실하고 짜리몽땅한 언니들만 눈에 띈다. 눈이 아주 편안해졌다.

큰 볼일 0.5솔, 작은 볼일 0.4솔.
페루 화장실 요금, 정말 인간적이다.

하지만 공항에서부터 모든 것이 편안했던 것은 아니다. 민영화된 리마 공항은 시설이 아주 한심한 수준이다. 관광객이 탑승시간을 기다릴 의자 하나 변변치를 않다. 어중간한 새벽 시간에 도착한 탓에 아침이 오기까지 공항에서 시간을 보내야 했다. 그래서 배낭족들에 끼어 화장실 앞 한 구석에서 마치 쓰레기처럼 찌그러져 있었다. 그러면서도 입국세 15달러를 꼬박꼬박 챙기니 "고약하군"이라는 푸념이 절로 나온다. 시내까지 들어가는 택시에서는 어김없이 기사와 실랑이가 벌어졌다. 미리 요금 협상을 하고 탔건만 몇 푼 더 받아보려는 아저씨의 시도는 끊임없이 계속되었다. 수많은 관광객들이 이런 피곤한 과정을 거쳐야 한다는 걸 생각하니 페루가 관광대국이라는 말이 무색하다.

리마 시내는 듣던 것보다 훨씬 깨끗하고 생각보다 안전하다. 반갑게도 콜롬비아에서 사라졌던 거리 음식들이 다시 부활했다. 콜롬비아 돈을 환전하려고 은행에 갔다. 그러나 콜롬비아 돈은 국경 두 개를 넘어오는 사이에 휴지 조각이 됐다. 여행자 천국인 페루에선 어느 나라 화폐나 쉽게 통하리라 막연히 기대했는데, 내 사랑 콜롬비아가 페루에서 이렇게 헐값이라니…. 남미 관광의 1번지로 알고 있던 페루에 대한 기대가 점점 무너져 갔다.

국립박물관Museo de la Nación에 갔다. 페루의 고고학을 개략적으로 살펴보기에 가장 좋은 박물관으로 알려진 이곳. 물어 물어 버스를 찾아 타고 시 외곽의 박물관에 도착했다. 박물관 프로그램을 살펴보다 엉겁결에 여행 중 처음으로 개인 가이드를 사는 만행을 저질렀다. 별로 비싸지 않은데다가 페루 고대사에 전혀 문외한인 내가 찬란한 그네들의 문화를 제대로 이해하기는 거의 불가능하다 싶어서 "가이드를 고용하겠냐"는 물음에 별 생각 없이 "그러마"했던 것. 영어를 나보다 조금 잘 하는 아줌마가 두어 시간 동안 4층의 박물관을 돌면서 정말 열심히 그들의 고대문화를 설명한다. 듣는 내가 목이 다 탄다. 얼마나 힘들까, 저렇게 쉬지 않고 말을 하면. 쉬라고 하고 싶은데 그러면 실례가 될 듯한 묘한 분위기여서 그대로 놔뒀다. 덕분에 알차게 박물관을 관람했다. 박물관을 둘러보는 것만으로도 페루 특유의 다양하고 풍부한 고대문화에 흠씬 빠져드는 느낌이다. 게다가 고대 문화 대부분이 잘 알려지지 않았고 연구되지도 않아 미지의 신비로움으로 덧씌워져 더욱 그럴싸해 보였다. 시설이 엉망인 공항, 택시기사와의 실랑이, 환전의 어려움까지 비록 인프라 측면에선 여러모로 허술하고 불편했지만 이 모든 것을 용서할 만한 찬란한 고대 문화를 간직한 덕택에 페루는 남미의 관광 대국이라 불리는가 보다.

바다사자의 포효

아침 일찍 바예스따스 섬Isla Ballestas으로 출발했다. 바다에서 뭍을 바라보니 섬에도 육지의 언덕에도 풀 한 포기 없다. 엘니뇨El Niño가 수천 년 동안 만든 풍경이었다. 육지 저편의 언덕에 무려 2,000년 전에 그려졌다는 촛대 그림이 하나 보인다. 비가 안 오니 한번 땅을 파놓으면 그게 지진 나서 없어지지 않는 한 지구가 사라질 때까지 그대로다. 또 땅속과 그 위를 살짝 덮은 지표면의 성분이 달라 지표를 찔끔 걷어내기만 해도 두드러지게 눈에 띈다. 촛대 그림도 50센티미터 정도 깊이에 불과하다는데 주위는 갈색 모래이고 파놓은 곳은 금빛이어서 확연히 구분이 됐다.

바다로 조금 더 나아가니 멀지 않은 곳에 바예스따스 섬이 보인다. 점묘화! 뽀얀 새똥으로 뒤덮인 섬 위에 수십 만의 새들이 촘촘히 내려앉은 풍경

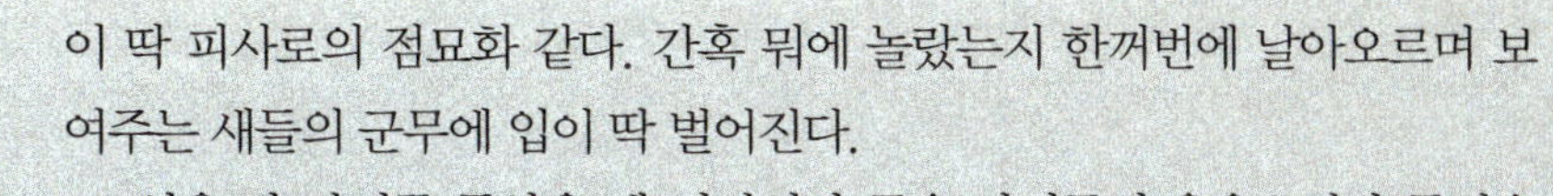

이 딱 피사로의 점묘화 같다. 간혹 뭐에 놀랐는지 한꺼번에 날아오르며 보여주는 새들의 군무에 입이 딱 벌어진다.

섬을 반 바퀴쯤 돌았을 때 어디선가 굵은 바리톤의 울음소리가 들려온다. 바다사자! 수천 마리의 바다사자가 해변과 해안에 그득했다. 그리고 저마다 이 섬의 주인은 자기라는 듯 시끄럽게 울부짖는다. 텔레비전에서 보았던, 세계 어딘가 깊숙한 오지에 가면 볼 수 있으려니 했던 풍경이다. 그 엄청난 수의 바다사자들의 합창이란! 수십 미터 떨어져 있었지만 태평양 지킴이들의 우렁찬 포효는 파도소리를 잠재우고 하늘 가득 울려 퍼졌다.

아직도 이 섬에선 구아노Guano(비료로 쓰이는 새똥)를 채취한다. 화학비료가 나온 이후에 구아노 채취는 사양산업이 되었다고 하나 그래도 아직 쓸모가 있는 모양이다. 섬을 한 바퀴 빵 돌며 바다의 독수리Turkey Vulture도 보고 귀여운 펭귄도 몇 마리 봤다. 남극에만 있을 것 같은 펭귄을 얼음도 없는 이곳에서 만나니 가히 경이롭다.

그날의 내 가이드 까를로스는 스폰서도 없이 외로이 페루 특산종으로서 멸종 위기를 맞은 새의 생태를 연구하는 학자였다. 어떤 보수도 누구 하나

도와주는 사람도 없지만, 부업으로 가이드 일을 하면서 페루의 특산종 새를 관찰하고 기록한다고. 까를로스에게 박수를 보낸다.

투어에서 돌아와서 쎄비체Ceviche(생선살을 식초에 버무린 페루 전통음식)를 먹으러 시장으로 갔다가 엉뚱하게 해물밥Arroz con marizcos을 주문해 버렸다. 페루에 온 이후로 먹는 건 아주 행복해졌다. 콜롬비아서 날마다 1달러 짜리 정식만 먹던 탓도 있겠지만 거의 선택사항이 없었던 콜롬비아 음식이나 중미의 먹거리에 비하면 페루 음식은 확실히 달라졌다. 아주 다양해졌다고는 못해도 적어도 네다섯 가지 중에서 고를 수가 있고 도시가 해안을 끼고 발달한 까닭에 해산물요리도 풍부해졌다. 저녁식사로는 거리에서 2솔에 소곱창tripa구이를 먹었다. 진짜 고소하다. 이곳에서도 소곱창을 먹는다니 신기하다. 식비 지출이 늘긴 했지만 입은 날로 즐거워진다. 내일은 정말 제대로 된 쎄비체를 맛보리라. 여행자 용이 아니라 현지인 용으로.

드디어 제대로 만든 쎄비체(Ceviche)를 만났다.
정말 맛있어 하나씩 세면서 먹었다. 매운 게 우리네 매운 맛과 엇비슷해서 가끔 나던 김치 생각이 싹 가셔 버린다. 생선살(농어)을 기본으로 조개와 새우를 더하고 식초에 레몬즙과 약간의 소스를 뿌려 매콤한 양파와 함께 내놓는 쎄비체(Ceviche)에 난 푹 빠졌다.

우주인의 낙서?

비행사들이 우연히 발견한, 우주인의 낙서일지도 모른다는 나스까Nasca 평원의 거대한 그림들. 경비행기를 타고 하늘로 날아올라 원숭이, 벌새, 우주인, 고래 그림을 내려다 보며 탄성을 지를 만도 하지만, 어릴 적부터 소년소녀 잡지를 통해 워낙 자주 보아 너무 익숙한데다 사전 답사로 비디오까지 여러 차례 보고 온 터라 사뭇 데면데면하기만 했다. 결국 궁금증은 그대로 남았다. 더운 땡볕에 나무 한 그루 없는 이곳에 나스까인은 뭣 때문에 줄긋기 놀이를 했을까? 누구 말대로 좀 살 만하고 할 일도 없고 심심해서 그랬을까? 정말 우주인의 비행 연습장이었나? 밝혀진 것처럼 평원에 큰 그림 그리는 것은 그리 힘든 일은 아니다. 겨우 지표면 5센티미터를 파는 일이라 기하학을 활용한 도안만 끝내면 두세 사람이 하루에 하나씩 그릴 수 있을 것 같다. 게다가 지표면은 짙은 갈색이지만 바로 그 밑은 밝은 황토색이고 비는 거의 안 내리는지라 한번 그리면 수천 년 동안 그대로니 자손대대로 뿌듯해 했으리라.

하늘에서 보니 지금은 이것 보러 온 사람들이 남긴 족적들이 더 많이 눈에 띈다. 차 타고 한번 지나간 자국들도 역시 천 년을 가는 고로….

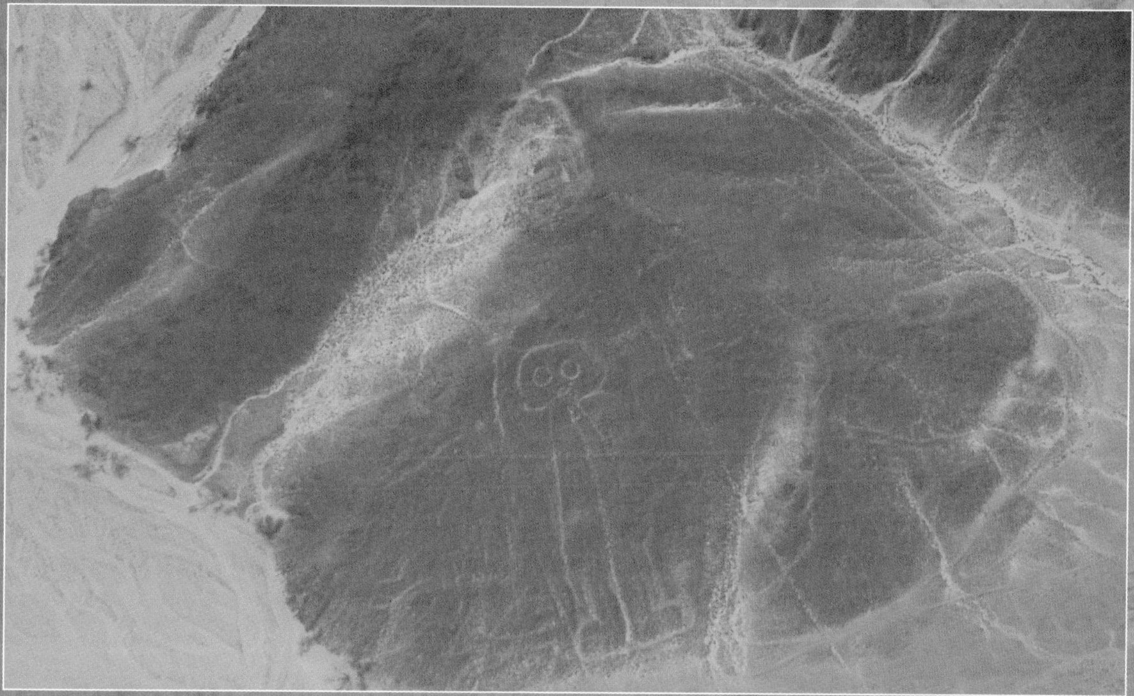

배고픔의 파업

아침에 물 사러 나갔다가 무엇하러 나왔는지 까먹고선 엉뚱한 구경을 했다. 이름하여 국기 게양식El Estacimiente de Bandera. 경찰아저씨 설명에 의하면 애국심 고취를 위해 일요일마다 전국적으로 하는 공식 행사란다. 게다가 이곳 아레끼빠Arequipa는 한때 게릴라 정권이 들어섰던 곳이라서 더욱

중요시된다고. 국기 게양식 행사장에 빳빳하게 정렬한 군인과 관공서 사람들의 모습에서뿐만 아니라 식후에 어색한 로보트 자세로 행진하는 유치원 꼬마, 남녀 학생들, 아주머니, 할아버지의 모습에서까지 군사 문화의 자취가 물씬 풍긴다.

군가에 맞춰 어색한 팔동작으로 행진하는 여학생들을 보고 있노라니 이제는 사라진 고등학교 교련 시간이 생각났다. 우리도 얼마 전까지 교련복을 입고 행진 연습을 했고 학교 교정에서 총검술까지 배우지 않았던가? 게다가 그것을 단 한번의 의심도 없이 당연하다 생각했고.

국기 게양식이 여행자에게야 신기한 구경거리지만 매주 하는 이 사람들에겐 얼마나 고역일까? 휴일 아침마다 쉬지도 못하고 이 짓을 해야 하니. 청소년들은 그들의 행진과 이 행사의 의미에 대해 얼마나 알고 있을까?

행진 말미에 갑자기 행사장이 소란스럽다. 한 아주머니가 뭔가를 알리려고 시위를 벌인 것이다. 그 유명한 남미의 '배고픔의 파업' Huelga de Hambre이었다. 시작은 혼자였지만 조금 있으니 여기저기서 사람들이 몰려든다. 자세한 내용은 모르지만 교사들의 봉급인상 시위인 건 확실하다. 엊그제 버스에서 만난 선생은 봉급이 200달러라고 했다. 적긴 적다. 그래서 페루와 볼리비아에선 선생님들의 시위가 많은가 보다. 오늘은 물리 선생님들의 시위였다. 행진의 말미를 망쳐놓긴 했지만 시위가 그리 과격하지도 않거니와 행진이 끝난 뒤인지라 경찰들도 시위대를 크게 제지하지 않는 눈치다. 교사들은 자신의 몸을 쇠사슬로 옭아매는 퍼포

먼스를 하는가 하면, 대성당 앞에 게시한 대자보를 배경으로 연극을 하며 사람들에게 자신들의 처지를 알렸다.

페루의 공립학교는 정오에 끝난다. 멀리 사는 선생들은 그 수업마저 일찍 끝내고 퇴근해버린다. 월급에 맞춰 딱 그만큼만 일한다는 생각이 퍼져 있어서다. 그 작은 월급마저 몇 달씩 지급이 늦어지기도 한다고. 이러니 공교육이 제대로 될 수 없다며 버스에서 만난 선생은 교사의 처우 개선이 시급하다고 열변을 토했다. 군사 문화와 사뭇 어울릴 것 같지 않은 선생님들의 '배고픔의 파업', 페루의 제2도시 아레끼빠에서 나는 그렇게 페루 사회의 중요한 일면을 만났다.

4,800미터에 오르다

나무 한 그루 없는 평원은 눈이 시릴 만큼 시원하게 트여 있다. 지나가는 구름이 저편 커다란 구릉 위로 그림자를 드리운다. 마치 아무 일도 일어나지 않을 것 같은 이곳에서 깎아지른 화산을 배경으로 비꾸냐가 한가로이 풀을 뜯고 있다. 비꾸냐는 꼴까계곡Cañon de Colca으로 이어진 국립공원의 유명인사다. 양만한 체구에 생긴 것은 야마 같은 녀석은 6마리나 되는 암놈을 거느리고 있었다. 6마리를 관리하려면 얼마나 머리가 아플까. 정력도 좋아야 할 테고. 난 우습게도 괜시리 그런 걱정부터 했다. 비꾸냐 털의 품질은 양, 야마, 그리고 알빠까보다 훨씬 좋아 한때 멸종위기까지 갔다. 그렇지만 지금은 법으로 사냥이 금지된 것을 아는지 녀석들은 관광객들의 시선 따위 아랑곳하지 않고 한가롭게 제 할 일에 열중한다.

평원 한가운데로 난 길을 달리고 달려 이제 4,000미터를 넘었다. 이쯤 오르면 머리도 어지럽고, 숨도 가쁘고, 눈도 덮여 있고, 뭔가 특별한 체험이 있으리라 상상했는데…. 북아메리카에서 가장 높은 찻길이라는 로키에 올랐을 때는 산 아래와 위가 분명히 뭔가 달랐는데…. 이곳에선 계속 고산지대로만 이동을 해서 그런지 눈 덮인 산이 조금 가까이 보이고 바람이 짐짓 거세진 것 말고는 얼마나 높이 올라왔는지 별 느낌이 없다. 시골 촌놈인 나는 고산병과도 거리가 먼가 보다. 시킨 대로 꼬까차 마시고 꼬까잎을 씹어대서 그런가? 하긴 다 괜찮은 건 아닌 모양이다. 동행한 이탈리아 할머니 한 분은 어지러워 난리가 났으니까.

4,800미터. 드디어 태어나서 가장 높은 곳에 올랐다. 오는 내내 한시도 눈을 떼지 못할 정도로 풍경은 생경하고 아름다웠다. 안데스를 찍은 사진들이 좋아 보였던 건 사진을 잘 찍어서가 아니었다. 누구든지 카메라를 들이대고 찍기만 하면 작품이 되는 곳이었으니! 곰곰이 생각해보면 콜롬비아에서 본 안데스와 이곳이 기본 바탕은 다르지 않다. 다만 콜롬비아의 안데스는 온통 푸르렀으나 여긴 나무 하나 없이 온통 비어 있다는 게 다를 뿐. 하늘은 끝없이 높고 맑고, 그 아래 텅 빈 초원과 언덕은 더욱 광활해 보이고… 이곳에서 살면 마음도 덩달아 저 높은 하늘, 저 너른 평원을 닮으리라.

잉까인의 시장에서

유끼에게 밥 먹자며 시장에 가자고 했다. 유끼는 어제 터미널에서 만나 동행하게 된 일본인 여행자다. 시장이 신기하게 생겼다. 넓은 공간이 10미터쯤 되는 아득한 높이의 천정으로 덮였고, 그 아래로 고기, 야채, 과일, 치즈 등 품목별로 나뉘어 있다. 한 구역에선 감자만 판다. 잉까인의 감자는 수백 종이라고 하더니 최소한 수십 종은 됨직해 보인다. 내륙 고산지대임에도 불구하고 갖가지 열대과일도 풍성하다. 과일을 파는 총각은 자신을 찍어 달라며 포즈를 취한다. 벽돌처럼 쌓아둔 치즈는 꼭 고무패드처럼 말랑말랑 탄력이 넘친다. 아주머니는 치즈를 물 묻힌 솔로 박박 문질러 씻어낸다. 시장 사람들은 대체로 장난스럽고 유쾌하다. 시장에 왔더니 처졌던 기분이 좋아지고 다시 활력이 샘솟는다. 물고기 튀김을 곁들인 정식을 사먹고, 아랫줄에 줄줄이 늘어선 주스가게로 갔다. 과일을 고르면 우유랑 섞어서 눈앞에서 갈아주는데, 한 컵 먹고 나니 다시 한 컵을 채워준다. 주스를 너무 많이 마셔 한참 동안 금붕어배를 어루만지며 행복해 했다. 신선한 먹거리가 싸고 풍부해서 기분이 좋아지는 곳, 내가 라틴을 좋아하는 또 하나의 이유이다.

HUAYRO
CUZQUEÑO
HARINOSA
K 1.00
OJO AZUL
CAÑETE
5 K X 3 50
K 0.70
ROSADA
HARINOSA
5 K X 3 50
SICA
CUZQUEÑA
HARINOSA
AMARILLA
YEMA DE HUEVO
KILO 1.00
OJO AZUL
5 K X 4.00
OJO AZUL
CAÑETE
광운전업사
BF-2767

산, 바람, 그리고 콘돌과 1대1 대화를 하고 싶었던 나의 꿈은
한 떼의 관광객 속에 묻혀 콘돌의 우아한 활공을
구경하는 것으로 대신해야만 했다.
콘돌은 비싼 입장료를 낸 것을 아는지
오늘도 어김없이 같은 시간에 나타나
거의 정해진 시간만큼 하늘을 누비다 사라졌다.

잊혀져 가는 오랜 꿈

아침 일찍 일어나 콘돌을 보러 계곡으로 향했다. 콘돌을 본다는 기대로 설레이다 문득 내 맘의 허방에 빠져 있던 꿈을 다시 떠올렸다. 내가 남미를 꿈꾼 이유가 뭐였더라…. "그래! 남미에 가면 하늘과 바람, 해, 그리고 콘돌만 순수하게 남아 있을 거야. 난 그 하늘 아래에서 야마를 치고 밤에는 어느 곳보다 밝게 빛나는 별들을 바라보는 거야." 그게 내 꿈이었다. 이젠 화석처럼 딱딱해진 나의 오랜 꿈….

어제 넓은 초원에서 푸른 하늘과 눈 덮인 산을 배경으로 한가로이 풀을 뜯는 야마를 보며 야릇하게 저릿저릿했지만 나는 그 기분의 정체를 캐묻지 않고 그냥 스쳐지났었다. 그렇구나, 그랬었구나. 지금 생각해보니 그 느낌은 기억 저편으로 잊혀진 내 오랜 꿈을 일깨우는 자극이었다. 시간이 너무 흐른 까닭일까? 라틴 속으로 너무 깊이 들어와서일까? 내 오랜 꿈은 자욱한 먼지 아래 묻혀 있었으나, 용케도 내 가슴 한 조각이 그 꿈을 기억해내었다.

콘돌이 유유히 가르고 지나가는 하늘, 그 아래 안데스 땅은 내 오랜 꿈속의 야마를 치고, 하늘을 느끼고, 콘돌을 바라보며, 별자리를 헤아리기에 제격인 곳이다. 하지만 지금 난 이곳에서 하늘과 바람을 가슴으로 느끼기보다는 한 떼의 관광객들에 묻혀 사진을 찍기에 바쁘고 한 푼이라도 아끼려고 셈을 꼽느라 힘을 다 빼고 있다. 휙휙 소리를 내며 머리 위를 나르는 콘돌 소리를 들으며 다시금 조용한 충동이 인다. 이 파란 하늘 밑 안데스 깊은 계곡에서 콘돌을 벗하고, 야마를 치며 살겠다는 이유 없는 오랜 꿈을 이루고픈….

꾸스꼬의 두 얼굴

여행준비를 무던히 열심히 했건만 정작 페루 관광의 핵심 중 하나인 꾸스꼬Cusco에 관해서는 별로 아는 게 없다. 심지어 한 권뿐인 안내서에서도 다른 데는 다 들춰 봤으면서 무슨 이유인지 꾸스꼬는 한번도 보질 않았다. 그런 탓에 꾸스꼬에서 나는 정말 발길 닿는 대로 어슬렁어슬렁 걸어다녔다. 그렇지만 조그마한 꾸스꼬의 센뜨로 지리는 어렵지 않게 금방 알 수 있었다. 꾸스꼬는 일반적인 콜로니얼 도시의 격자형 체계도 아니고, 산지를 끼고 발달했지만 멕시코 과나후아또처럼 지독하게 꼬불꼬불한 골목길을 갖지도 않았다. 15세기 전반에 9대 잉까Inca(제사장, 왕)가 디자인한 퓨마 모양의 도시 꾸스꼬는 딱 꼬집어 설명하기 어려운 자기만의 도시 체계를 지닌 곳이다.

아르마스 광장의 싼또도밍고 성당 기단에 서면 건너편 언덕에 층층이 쌓인 황토빛 지붕들이 여간 예쁜 게 아니다. 이 스페니쉬 지붕으로 둘러싸인 광장에는 꽃들이 피어나고 사람들의 즐거운 재잘거림이 가득하다. 도로는 어느 콜로니얼 도시보다 돌이 잘 깔려 있고 오랜 세월이 차분히 내려앉은 성당들은 이곳이 유서 깊은 도시임을 말해준다. 아르마스 광장에서 본 꾸스꼬는 언뜻 콜로니얼 도시일 뿐 과거 대제국 잉까의 수도였을까 의심스러울 정도다. 하지만 꾸스꼬 거리를 조금 걷는 것만으로 이런 의문이 우문이었음을 금세 알게 된다.

광장을 벗어나 어느 골목길로 들어서더라도 처음 만나게 되는 것은 벽의 밑부분을 이루는 잘 쌓인 석축이다. 종이 한 장 끼워넣기 힘들 정도로 잘 만든 잉까의 정교한 석축 위에 조야한 스페니쉬의 회벽들이 비극적으로 올라타 있다. 조금 더 들어가면 양쪽 면이 거대한 잉까의 벽으로 둘러싸인 골목을 만나게 되고 커다란 돌을 하나하나 깎아 맞춘 잉까 완벽주의자들의 절

묘한 솜씨에 절로 감탄을 연발하게 된다. 심지어 대문 너머로 보이는 집의 깊숙한 곳까지 잉까의 흔적들은 깊은 뿌리를 뻗은 채 남아 있다. 꾸스꼬에서는 이처럼 골목골목을 누비며 잉까의 흔적들을 찾아보며 걷는 재미가 쏠쏠하다.

이렇게 골목 구경에 한참 정신이 팔려 있는데 어귀에서 만난 열 댓 살쯤 보이는 한 녀석이 자꾸 따라오며 뭔가를 설명해주려 한다. 귀찮긴 했지만 한국 월드컵을 아는 척하는 성의를 봐서 조금 대꾸를 해줬다. 그 녀석에게서 잉까의 석축 사진이 소개되면 항상 등장하는 유명한 돌은 12면으로서 잉까 제국의 열 두 잉까를 상징한다는 이야기와 거대한 벽에 숨어 있는 퓨마의 전설을 들을 수 있었다. 이런 사실들이 대학에서 논문으로 발표됐다는 설명까지 덧붙였다. 흥미롭지만 우연의 일치가 아닐까하는 생각을 해보고, 싱긋이 웃어보이며 고맙다는 말과 함께 그곳을 떠나려 했다. 그런데 이야기를 마친 이 녀석이 갑자기 설명해 준 대가를 달라고 떼를 쓴다. 아니면 대신 엽서를 사라면서. 그것도 거리에서 파는 두 배의 가격으로. 그렇지 않아도 과자나 사먹으라고 돈 좀 줄까 생각했는데 막상 머리에 피도 안 마른 녀석이 노골적으로 대가를 바라니 좀 화가 치밀었다. 결국 아주 푼돈을 쥐어 주고 그곳을 빠져나왔지만 애들까지 돈, 돈 노래를 부르니 기분이 씁쓸하다.

퓨마를 찾아보세요!

확실히 페루는 후진국치곤 관광 관련 산업이 발달했다. 항공, 버스노선부터 환전소, 숙박시설, 그리고 가장 중요한 관광객의 주머니에서 돈을 짜내는 여러 가지 방법까지. 그래서 돈만 많으면 국가수준에 안 어울리게 아주 편하게 여행을 즐길 수 있다. 이런 분위기 탓일까? 조그만 초등학교 다니는 아이들까지 '자원봉사'라며 가이드를 자청하고 관광객에게 손을 내밀어 푼돈을 뜯어내기에 혈안이다. 잉까인의 자부심은 다 어디로 가고 어쩌다 그링고(외국인을 일컫는 중남미 표현)에게 겨우 동전 몇 개 뜯어내려고 눈을 붉히게 되었을꼬? 문득 페루 사람들의 슬프기 그지없는 모습 위로 가난하면서도 자긍심과 우아함이 배어 있던 콜롬비아 사람들의 모습이 겹쳐졌다.

숨겨진 유적지에서의 하루

갑자기 바보가 되었다. 마추픽추Muchu Picchu 가는 길에 산사태가 난 건 알고 있었지만 대통령이 헬기로 현장을 다녀갈 정도로 총력을 기울여 복구가 끝났다는 소식만 듣고 최신 정보를 점검하지 않았던 것. 듣던 대로 복구는 끝났지만 기차는 1등 열차만이 운행되고 있었다. 갈등이 생겼다. 터무니없이 비싼 기차삯, 물가, 입장료, 무엇보다도 이유없이 다른 기차들의 운행을 중지시키고 산사태를 요금 인상의 기회로 활용한 페루 정부 장단에 놀아나야 하나? 정말 꼭 가야 할까? 다른 유적과 그리 다른 것도 없을 텐데…. 하지만 안 가면 정말 더 바보같은 일일 거야. 여기까지 와서 라틴 여행의 절정인 마추픽추를 포기할 생각을 하다니….

마추픽추를 트레일하지 않고 비교적 경제적으로 다녀올 수 있는 방법은 오얀따이땀보Ollantaytambo를 거쳐가는 방법이다. 오얀따이땀보를 한나절 느긋하게 구경하고 저녁 기차에 오르는 것이 배낭여행자들에게 알려진 최상의 스케줄이다. 기차역에는 산사태가 완전 복구되어 열차 운행에 이상이 없음을 알리는 페루 정부의 공문이 붙어 있었다. 맨 아래 한 줄 작은 글씨로 '1등 열차에 한해서' 라는 꼬리표를 달고…. 또 공문에 쓰여 있지 않았지만

이 내용은 외국인에만 적용되었다. 결국 열차는 정상적으로 운영되지만 그링고는 1등 기차만 이용하라는 이상한 규정을 만든 것이다. 이놈의 이중가격제. 적당한 수준이면 기꺼이 동참해줄 텐데 이건 좀 너무했다. 페루 사람은 마추픽추까지 3달러 정도니까 이번을 계기로 외국인의 철도 요금은 그들의 열두 배가 되었다.

불쾌하고 허탈한 기분으로 들어간 식당에

서 마추픽추까지 가는 다른 방법을 알게 되었다. 날 위아래로 훑어 보더니 "허허, 당신은 3솔이야"(다른 외국인들에게는 10솔을 받았다)하며 껄껄 웃던 주인 아저씨는 내 이야기를 듣고는 마추픽추로 가는 다른 방법을 알려준다. 여기서 버스를 타고 K82까지 가서 거기서부터 기차길을 30킬로미터, 여섯 시간 걸어가면 된단다. 오늘 만난 이스라엘 친구들이 말한 그 무모한 방법이 이것이었다.

일단 오얀따이땀보를 구경하기로 했다. 마추픽추 가기 전 쉬어가는 페

이지로 생각했던 이곳은 의외로 훌륭했다. 잉까의 도시형태가 순수하게 남았으며 사람의 손을 타지 않은 유적들은 적당히 무너져 훨씬 유적답다. 잉까인들의 수로가 여전히 쓰이고 있는 모습은 내 맘속으로도 콸콸 감동이 흘러들게 했다.

조금 있으니 무채색의 유적에 무더기로 몰려온 관광객들의 화려한 색상이 물결친다. 나도 관광객이지만 고즈넉해야만 할 것 같은 이곳에 사람들이 넘쳐나는 것이 싫다. 그래서 유적 구경은 나중으로 미루고 관광객에게서 멀찌감치 떨어진 한켠에 앉아 따뜻한 햇볕을 즐겼다. 한 관리원 아저씨가 다가 오더니 나에게 치차(막걸리와 비슷한 옥수수로 만든 술)를 권한다. 이렇게 시

작해 관리원 아저씨 세 명이랑 컵 하나를 돌려가며 3리터짜리 치차 두 병을 마셨다. 그러는 동안 내 사정 얘기를 꺼내게 되었고 아저씨들이 선뜻 표 구하기를 돕겠다고 나선다.

어느덧 뉘엿뉘엿 해가 지고 관광객들도 자취를 감췄다. 날 돕기로 한 프레디와 그의 집에서 기차 시간까지 기다리기로 했다. 프레디의 집은 광장에서 얼마 떨어지지 않은 골목 안쪽이었다. 평범한 마을 골목에서 만난 잉까의 담장과 문, 수로는 아직도 옛날 그대로였다. 나중에 그 위에 조야하게 덧붙여진 것들에 비하면 잉까의 구조물은 참으로 훌륭하다. 프레디는 수로를 따라 흐르는 물에 발을 씻고 오랜 세월이 쌓인 문을 밀고 집으로 들어갔다. 그 옛날의 잉까 사람처럼….

그냥 콘크리트 맨바닥 위에 침대 하나 덜렁, 특별한 수납공간 없이 여기저기 어수선하게 쌓인 물건들. 이 방에서 가족 여럿이 지낸단다. 프레디는 아마 페루 중산층일 것인데 한마디로 못사는 태가 난다. 독일에서 프레디의 어린 딸 앞으로 온 영어 편지를 해석해주며 시간을 보냈다. 국제결연사업으로 보이는 편지에서 어느 낯선 독일인들은 프레디 딸의 새 아빠와 엄마라고 했다. 프레디는 이 편지와 사진을 아주 소중하게 보관하고 있었다.

프레디 가족 앨범을 넘기다 보니 어느새 어둑어둑해지고 드디어 티켓을 팔 시간이 가까워져 기차역으로 나섰다. 일단 나는 뒤에서 기다리고 프레디가 표를 사러 갔다. 매표소 직원과 이야기하고, 출입 통제하는 보안요원에게 하소연하고, 역 관계자를 만나고…, 한참 뒤 프레디가 돌아왔다. 저녁에 출발하는 자국인용 전용열차에는 어찌어찌 오르더라도 검문이 심해서 걸리면 바로 내려 철길을 걸어야 한단다. 밤에 불빛도 없는 곳을 걷기란 불가능했다. 우연히 오늘 기차를 운행하는 기관사를 만나 부탁했으나, 통제가 심해 어렵다며 사람 좋은 미안한 표정을 짓는다. 참 대단한 페루다. 외국인이 자국민 시설을 이용하지 못하도록 이렇게 엄청나게 통제하다니. 안 된다는데 몇 십 달러를 두고 이렇게 고집 피우는 나도 좀 우습기는 하다. 오기 때문에라도 더 내국인 기차에 오르고 싶어졌지만 밤기차를 탈 가망은 없어 보인다.

오얀따이땀보에서 만난 태권도장

터벅터벅 밤길을 걸어 근처 호텔로 향했다. 이곳에서 하루 밤을 지내고 내일 아침 일찍 떠나야겠다. 호텔 뒷편으론 탕탕 냇물이 흐른다. 테라스에서 바라본 별빛은 그 어디에서보다 밝고 아름답다. 아무도 없는 호텔에 혼자 있노라니 기분 좋은 쓸쓸함이 밀려온다. 그래, 걷는 거다. 어떻게든 가게 되겠지, 포기는 배추 셀 때나 쓰는 말이야, 30킬로미터, 까짓 거 쉬엄쉬엄 걸어가자. 그나 저나 비는 안 와야 할 텐데….

철도 히치하이킹

한 젊은 포터가 말을 건네온다. 새벽 일찍 K82로 향하는 버스를 탄 이들은 날 빼곤 모두 포터들이다. 순박해 보이는 그는 이것저것 물으며 농을 건다. 자신은 4일간 트레킹을 하고 꾸스꼬로 돌아간다며 그곳에서 만나 춤추러 가자고 한다. 자신은 여자친구가 5명이라고 자랑하며. '꼭 비꾸냐 같은 녀석이로군.' 그런 내심을 들키지 않으려 싱긋 웃어보였다. 이 동네뿐만 아니고 주위의 많은 마을 사람들이 포터를 중요한 업으로 삼는다. 수십 킬로그램의 짐을 지고 안데스 산지를 오르내리는, 걷기 힘들 땐 위스키를 조금씩 마시면서 고통을 참는다는 그들이 항상 다들 웃고 있어 더욱 인상적이다. 하지만 한결같이 맨발에 샌들 차림인 그들의 검은 발은 웃음 이면의 노곤한 일상을 대변하는 듯했다.

K82에 도착해서 서로 "수에르떼스!"Suertes(Good luck)를 외치며 포터들과 헤어졌다. 그들은 잉까 트레일을 따라 사흘 동안 산길을 걸어야 하고 난 혼자 철길을 따라 30킬로미터를 걸어야 한다. 어제 여길 걷겠다는 이스라엘 친구들을 보며 정말 대책 없이 무모한 녀석들이라고 생각했는데 내가 그 무모한 짓을 시작한 거다.

한 1킬로미터쯤 걸었을까? 뒷편에서 기차소리가 들렸다. 하지만 기차치곤 소리가 작다. 선로 보수 차량이었다. 밑져야 본전이니 소리치며 손을 흔들었다. 안 설 것 같던 기차가 저만치 선다. 일단 묻지도 않고 기차에 오른 후 태워달라고 했다. 씨익 웃는 아저씨 얼굴이 쫓아내지는 않을 것 같았다. 그런데 어디까지 가는 걸까? 보수차는 벌써 한참을 달려 산사태가 났다는 K101을 지나고 있었다. 사고 난 곳은 이미 복구가 끝난 상태였고, 지금은 나중을 대비해서 보강 작업을 계속하고 있었다. 다시 한번 말도 안 되는 이유로 요금을 인상한 잉까 레일이 가증스럽다. 나쁜 놈들….

아저씨들은 관광객을 태워주는 게 처음은 아닌 모양이다. 하지만 어떤 역장은 발견 즉시 관광객을 하차시킨다며 꽤나 조심스러워 한다. 그래도 기차 한쪽에 앉아 산자락 곳곳에 숨은 유적들을 바라보며 상쾌한 안데스의 새벽 공기를 마시는 기분이 더할 나위 없이 좋다. 아저씨들은 가는 내내 돈을 달라며 느글거리는 웃음으로 장난을 걸어온다. "헤헤, 아미고, 왜 그래요. 나 가난해, 돈 많으면 왜 걸었겠어?" 나도 익살스런 얼굴로 응수하고 기차가 어디까지 가는지 물었다. 한 아저씨 왈, 선로 보수차는 마추픽추 거점도시 아구아깔리엔떼Agua Caliente까지 간다는 거다! 이런 행운이! 내일 아침 돌아가는 기차를 다시 태워주면 돈을 주겠다고 아저씨들을 꼬셨다. 협상 끝에 아저씨 두 명에게 각각 10솔씩 주기로 합의를 보고 난 역장 눈에 띄지 않게 아구아깔리엔떼 1킬로미터 전쯤에 내려야 했다. "조금 불량한 아저씨들, 또 나 같은 여행자 만나면 잘 좀 부탁하오."

생각지도 못한 엉뚱한 방법으로 아구아깔리엔떼에 도착한 나는 내친 김에 바로 마추픽추를 향해 산길을 올랐다. 마을을 떠난 지 한 시간 남짓, 머나먼 딴 세상으로만 느껴졌던 마추픽추는 생각보다 정말 가까운 곳에 자리하고 있었다. 드디어 도착이다, 남미 여행의 절정, 안데스 깊고 깊은 곳 마추픽추에!

외로운 봉우리가 접근을 허용치 않겠다는 듯 절벽들로 둘러싸여 있었다.
온통 바위투성이 절벽이었다.
그 절벽들 위로는 구름을 거느리고 눈 덮인 산들이 수천 길 위로 솟아 있었다.
– 히람 빙엄(1948) 『잉카의 사라진 도시』

오래된 봉우리 마추픽추

마추픽추Machu Picchu, 오래된 봉우리. 미국 예일대 교수 히람 빙엄Hiram Bingam이 1911년 발견해 세상에 알려졌으나 정확한 역사가 밝혀지지 않아 더 신비스러운 곳. 남미 여행의 핵심, 페루 여행의 필수 코스, 사람들의 희망 여행지 1위, 면도칼 하나 들어가지 않는 정밀한 잉까의 석축기술을 볼 수 있는 곳…. 마추픽추는 안데스의 절묘한 비경 깊숙이 차분하게 자리하고 있었다.

마추픽추 유적은 계단식 논의 경작지와 주거지역 두 부분으로 나뉜다. 주거지역은 다시 가운데 광장을 중심으로 위쪽의 신전이 있는 귀족 주거지역과 아래쪽의 각종 산업시설이 있는 평민 주거지역으로 분리된다. 계단식 논 정상에는 비석Funeral Rock이 하나 있고, 이곳에서 와이나픽추Wayna Picchu를 배경으로 한 마추픽추 유적 전체가 가장 잘 보인다. 이곳에서 바라본 마추픽추 유적은 멕시코의 치첸이싸와 비슷하다는 느낌이다. 두 유적이 그 당시 건축술과 과학의 집대성이라는 점이 그러하고, 모두 번듯하게 복원되어 짐짓 인위적인 테마파크 같은 인상을 주는 것도 닮아 있다.

광장의 상부 귀족 주거지역에는 남쪽부터 북쪽으로 구 주출입구, 귀족들의 집, 신성광장, 그 옆 최고지도자의 집, 3개의 창이 있는 신전, 주신전, 가장 높은 곳에 '태양을 잡아매는 기둥' 이 있고, 광장의 아래쪽에는 남쪽부터 북쪽으로 왕의 무덤, 귀족의 장례식장, 작업장, 평민 주거지역이 있다. 알려진 게 많지 않으니 궁금증이 나면 한번 갸우뚱거린 후 마구 상상의 나래를 펴면 될 것이다. 유적은 가이드 없이 혼자 관람하기가 쉽지 않다. 잉까는 문자가 없던 까닭에 알려진 것도 적을 뿐더러, 그나마 자상한 설명을 담은 알림판이 하나도 없으니….

퓨마-콘돌-뱀, 과거-현재-미래 등등, 잉까인들은 3이라는 숫자에 큰 의미를 부여했다. 중요한 신전의 창문도 3개고, 집의 창문도 대개 3개다. 신성광장의 성대하게 지어진 '3개의 창이 있는 신전' 도 창문의 갯수에서 이름이 비롯했다. 그 곁의 주신전은 무너져가는 것을 쉽게 알 수 있다. 지진에 의한 것이 아니고 돌 무게를 버티지 못할 만큼 토양이 약한 까닭이라고. 어

느 일본 학자에 따르면 한 달에 1센티미터씩 주저앉는다고 한다. 신성광장 위편에는 '태양을 잡아매는 기둥' Intihuatana이 있다. Inti는 께추아어로 태양이라는 의미로서, 이 기둥은 그림자로 하지나 동지 같은 절기를 정확하게 알려주는 해시계 역할을 했다. 광장에는 정확하게 동서남북을 가리키는 표지석도 있었다. 잉까인은 해시계와 표지석을 통해 파종시기, 수확시기 등 농사 절기를 가늠했다.

광장 아래쪽은 평민 거주지역인 탓에 광장 위편보다 건축술이 대체적으로 떨어진다. 콘돌 바위라고 일컬어지는 곳을 두고 혹자는 감옥이라고 하고 혹자는 장례식장이라고 한다. 이곳에 시체를 묶어 콘돌로 하여금 영혼을 내세로 데려가게끔 했다. 잉까인들이 내세관을 가지고 있었다는 것이 흥미롭다. 그 옆쪽으로 여러 동의 작업장이 있는데 건물은 주거보다 규모가 크고, 길쭉한 형태에 창문이 많은 게 특징이다.

'태양을 잡아매는 기둥' Intihuatana.

평민의 집은 2층 구조다. 광장 위쪽 제사장의 집은 쐐기모양 돌을 돌출시켜 2층을 얹은 반면 평민의 집은 한단 내쌓기 하여 2층 바닥을 얹었다. 이렇게 2층을 만들고 농사에 필요한 각종 도구들을 보관했다. 이점이 아래쪽 주거지역이 평민 거주 공간이었음을 말해주는 주요한 이유다. 집 사이는 합벽하지 않고 2미터가량 띄워 빈 공간을 만들고 담장을 쌓았다. 가축을 키우거나 가사 노동을 위한 공간으로 추정할 수 있다. 용도를 알 수 없지만 측벽 창문의 위치 및 크기가 이웃집과 같다는 것도 재미있다.

마추픽추에서 옛 잉까 트레일을 따라 20여 분 걸으면 잉까 다리Inca Bridge가 나온다. 으르렁대는 우르밤바강 바로 옆의 까마득한 낭떠러지에 1미터 남짓한 폭으로 깎아만든 잉까의 길. 한 곳에 이르러 도무지 길을 만들 수가 없어 석축을 쌓아야 했고 양쪽 석축 사이에 다리를 만들었으니, 나무를 걸어 만든 으스스한 천길 낭떠러지 길의 절정, 바로 이곳이 잉까 다리다. 잉까인들도 어지간히 스릴을 즐긴 모양이다.

마추픽추 맞은 편 유적의 배경이 되고 있는 산이 '젊은 봉우리' 와이나픽추다. 와이나픽추는 마추픽추보다 300미터쯤 높고 상당히 가팔라서 마지막 부분은 거의 기어올라야 한다. 치첸이싸 피라미드나 띠깔의 제5신전을 오를 때와 엇비슷한 느낌이다. 미끄러지면 저 아래 우르밤바강까지 한없이 떨어질 것 같다. 게다가 들썩거리는 돌계단이 여간 불안한 게 아니다. 30분 남짓 올라 몇 개의 신전이 자리한 정상에 도착하면 마추픽추를 한눈에 굽어볼 수 있다. 마추픽추의 통치자 또한 이곳에 올라 자신의 도시를 굽어보며 뿌듯해 했으리라.

마추픽추는 안데스 오지에 위치한 이유로 대개 오랫동안 여행을 꿈꿔오다 방문하며, 그래서 감동은 깊고 크기 마련이다. 하지만 잉까 문명의 다른 유적지에 익숙한 이들에게는 마치 루부르 박물관에서 모나리자의 진품을 봤을 때와 비슷한 느낌이 들지도 모르겠다. 마추픽추 유적의 석공기술은 꾸스꼬의 돌담이나 싹사이와망, 꼬리깐차에 비하면 규모도 작고 기술도 뛰어나지 않다. 또 역사를 좀 공부하고 나서 이것들이 건설된 시기(주요 시설물들은 14, 15세기 무렵 9대 잉까 이후에 만들어진 것으로 추정됨)와 그 즈음의 다른 나라

건축술이나 문화를 비교하게 되면 그 신비함이 반감되고 만다. 그렇다고 마추픽추가 시시한 유적이라는 건 결코 아니다. 생산영역과 주거지를 구분하고 다시 광장을 중심으로 각 섹터별로 기능을 부여한 도시 계획은 마추픽추의 명성이 결코 허상이 아님을 알게 한다. 감탄이 절로 나오는 절묘한 지형을 택하고 자연에 순응하여 건설된 마추픽추는 세계적으로 유래를 찾아보기 힘든 훌륭한 계획도시임에 틀림없다.

아만따니의 글로리아

반달이 떴음에도 불구하고 가로등 하나 없는 마을 길이 훤히 보일 정도로 밝다. 이렇게 달빛이 밝은 데도 하늘에는 은하수가 보인다. 엷은 공기는 코끝이 시원하도록 맑고 상쾌하다. 하늘이 가까운 탓일까? 지구를 반 바퀴 돌고 안데스의 높은 산길을 지나 세계에서 가장 높은 호수 띠띠까까에 왔다. 그리고 다시 배를 타고 띠띠까까의 섬마을 아만따니Amantani에 도착했다. 호수 위 섬마을이 이상하게 낯설지 않다. 지금은 허물어져 없어진 창평의 할아버지 댁이 생각난다. 흙벽으로 만든 담과 벽, 낮은 문, 초가 지붕까지 모든 것들이 고향에 온 듯 편안하다. 농업을 기반으로 한 생활 패턴에 모든 것을 집 주위에서 얻어야 하는 농촌 생활은 지구 어디서나 엇비슷한 꼴인가 보다.

저녁에 섬 주민들이 마을회관에서 관광객들을 위한 작은 파티를 열었다. 우리 일행은 — 이탈리아인 파올라, 프랑코 커플, 나 — 피곤하다는 핑계로 "네가 파티에 안 가면 나도 안 간다"며 상대에게 결정권을 떠넘기기만 했다. 그런데 오히려 민박집 주인 글로리아가 나서서 가자고 채근이다. 그녀를 부둣가에서 처음 봤을 때 30대말이나 40대초의 평범한 중년 여성이라고 넘겨짚었다. 하지만 그녀는 놀랍게도 겨우 스물 셋이었고 게다가 아이가 둘이나 있는 '아빠 없는 엄마' la madre soltera였다. 중남미에서 아주 흔하다고는 하지만 아직 꿈 많은 나이 스물 셋에 남편 없이 두 아이를 키우며 살아가는 삶이 어찌 쉽기만 할까?

마을 회관은 산뽀냐, 차랑고, 퍼쿠션으로 이뤄진 꼬마 악단이 연주하는 안데스 전통 음악 소리가 가득했고, 관광객들은 마을 사람들과 음악에 맞춰 이름 모를 춤을 추었다. 남녀가 손을 잡고 4분의 4박자 음악에 맞춰 원을 그리며 돌고 가끔 교대로 턴을 하는 전통춤은 생각보다 간단했다. 나도 뽄초(벙거지)를 둘러 입고 이곳 사람들의 모자 꼬로를 눌러쓰고 글로리아의 짝이 되었다. 얌전해 보이던 글로리아는 춤을 출수록 점점 힘이 솟아나는 것 같았다. 그녀는 내가 잡은 손에 통증이 올 정도로 격정적으로, 더욱 더 힘차게 핑핑 돌며 춤에 빠져들었다.

아레끼빠나 리마에도 가본 적이 없다는 그녀. 비록 찾아오는 외국인들 탓에 외부세계와 이런저런 접촉이 있지만 실은 스물 세 살 그녀의 생활에는 별다른 놀이 문화도 여가 생활도 없었다. 그래서 그녀는 누구보다도 격하게 춤을 추며 그녀의 젊음을 발산했던 걸까. 추운 날씨에도 맨발에 샌달만 신고 1년 내내 생활하는 그녀, 온갖 농사일과 집안일에 나이를 곱으로 먹은 듯한 그녀이지만 글로리아는 아직 한창 꽃다운 20대 초반의 아가씨였다.

글로리아와 프란시스코

떠다니는 섬 우로스

띠띠까까Titikaka의 titi는 퓨마, kaka는 돌이라는 뜻이다. 지도를 거꾸로 뒤집어 놓으면 호수는 퓨마 형상이고 이를 5,000미터가 넘는 높은 화산[돌]이 둘러싸고 있어 붙여졌다는 재미있는 해석을 하기도 한다. 세계에서 가장 높은 3,820미터에 있는 호수라는 것 말고 띠띠까까를 더욱 유명하게 만든 것이 떠다니는 섬 우로스Uros다. 상당히 낭만적으로 들려 신비로움의 대상이었던 떠다니는 섬 우로스는 사실 슬픈 역사 속에서 탄생했다.

500년 전 스페인은 침략의 손길을 이곳 띠띠까까 호수까지 뻗쳤다. 그때 일부 잉까인들은 그들을 피해 호수로 달아났고, 며칠 후면 다시 그들의 땅으로 돌아갈 생각에서 임시거처로 뭍에서 멀지 않은 곳에 호숫가의 또또라totora로 인공섬을 만들었다. 하지만 스페인의 지배가 장기화되면서 잉까인들은 우로스에 정착하게 되었고, 그들은 고유 언어인 우루뿌끼나Urupukina를 사용하며 순수한 혈통을 3백년 가량 유지하며 살았다. 이후 차츰 잉까인들은 호숫가에 살던 고산족 아이마라Aymara인들과 혼인을 하기 시작하였고 끝내 순수 잉까 인디언의 혈통은 모두 사라지게 되었다. 그래서 현재 우로스 사람들이 사용하는 제1언어는 아이마라어고 그밖에 께추아 Quechua어와 스페인어가 쓰인다.

우로스를 보통 규모가 큰 섬 하나라고 생각하기 쉽다. 그래서 떠다니는 섬 우로스는 불가사의한 존재로 취급되기도 한다. 하지만 실제로 우로스는 섬이라기보다는 커다란 보트, 바지선에 가깝고 한 개가 아닌 여러 개의 떠다니는 섬을 일컫는 통칭이다.

우로스를 만드는 재료인 또또라는 큰 갈대와 비슷한데 띠띠까까의 얕은 호숫가에 자생하는 다년생 물풀이다. 우로스 사람들은 또또라로 섬과 배를 만들고 줄기는 식용으로 쓴다. 섬의 단면은 크게 두 층으로 구성된다. 한 층은 또또라의 뿌리를 엮어 50센티미터 두께로 깐 것으로 부력을 만들어 낸다. 그 위에 1.5~2미터의 또또라 줄기가 더해진다. 줄기는 시간이 지남에 따라 썩고 부피가 줄기 때문에 계속 보충된다. 이렇게 만들어진 섬을 말뚝으로 15~20미터 깊이의 호수바닥에 고정시킨 것이 우리가 아는 우로스다. 섬은 계절에 따라 수심이 적당한 곳으로 옮겨지고, 얼마간의 수명이 다 하면 버려진다.

우로스 섬 곳곳에서는 도무지 그곳에 어울리지 않는 태양전지판이 반짝이고 있다. 전 대통령 후지모리가 여길 들렀다가 우로스에 전기가 없음을 알고 태양전지 설치를 지시한 까닭이다. 덕분에 생활이 편리해졌는지는 몰라도 섬사람들이 1년에 대여료로 100달러 이상을 지불하고 있다니 가난한 그들에게 과연 좋은 일이었는지는 모를 일이다.

모자 짜는 아저씨

페루에서 진짜 잉까의 전통문화를 찾기란 쉽지 않다. 그러리라 짐작은 했으나 막상 확인하고 나니 더 서글프다. 따낄레Taquile 섬에 갔을 때였다. 따낄레는 전통 수공예품이 섬의 제1산업일 정도로 수공예품으로 유명한 곳이다. 가이드는 이곳 공예품의 역사적, 문화적 배경까지 상세하게 설명했다. 가이드가 전통 공예품을 설명하다 말고 스페인에서 온 한 여행자에게 이 물건을 스페인에서 본 적이 있는지를 묻는다. 여기서 만들어지는 모든 공예품은 까스떼냐Casteña(스페인의 한 지방)와 께추아 문명의 짬뽕이란 가이드의 설명이다. 게다가 까스떼냐 지방색이 더 드러난다고. 으레 짐작하고 있던 터였지만 현지인의 음성으로 확인하고 나니 실망은 더 컸다. 그것을 전통 공예라고 만들어 파는 '잉까' 인들이 측은하다. 잉까의 땅에서 잉까의 전통은 간 데 없고 그 자리를 스페인의 전통이 꿰차다니….

섬의 곳곳 양지바른 쪽에서는 어김없이 남자들이 앉아 부지런히 손을 놀려 뭔가를 뜨개질한다. 이것이 따낄레의 대표적인 공예품인 그들의 '전통' 모자 추요Chullo다. 추요는 우리네 상투처럼 그들의 결혼상태를 말해주는 사회적 상징물이다. 하양과 빨강이 섞인 것이 총각용이고 빨강으로만 된 것이 기혼자용이다. 총각들은 결혼 상대자를 찾을 땐 모자를 옆으로 하고 동거기간 1년 동안에는 모자를 뒤로 한다. 모자를 옆으로 쓴 총각들은 좋아하는 여자에게 돌멩이를 살짝 던져 구혼을 하고, 여자는 남자가 맘에 들면 그 돌을 주워든다. 이렇게 해서 서로 좋아하는 것을 확인하게 되면 총각은 모자를 뒤로 쓰고 1년간 동거를 시작한다. 1년의 동거 기간에 아이가 생기면 결혼식을 올린다. 참 간단하고 쉬운 구혼 방법이다. 그런데 모자 쓰는 방식은 옛날에나 지켜졌나 보다. 유심히 살펴보니 모두 모자는 썼지만 방향은 다들 제각각인 것. 다만 기혼자가 코카잎을 담은 가방을 메고 다니는 것은 아직도 지켜지고 있었다.

29년 전 따낄레에 관광객이 들어오면서부터 농업은 제2산업으로 밀려나고 관광이 제1산업이 됐다. 그래서 이젠 자신 스스로 살아가지 못하고 외부에 의존할 수밖에 없다. 그런 연유인지 이웃섬 아만따니에서와 다르게 사진 찍는 관광객에게 코흘리개부터 60 넘은 할머니까지 모두 손을 내밀며 '운 솔!' Un sol(동전 한 닢만)을 외친다. 모자 하나 만드는 데 한 주가 걸리고 추요는 두 달이 걸리지만 대개 제값을 받지 못한다. 외부에 의존하다 보니 신세가 처량해졌다. 가난하게 살더라도 그냥 농사짓고, 고기잡고 사는 편이 더 낫지 않았을까 싶다. 푸른 띠띠까까 호수를 배경으로 50킬로그램이 넘는 짐을 지고 힘겹게 마을로 오르는 아저씨를 바라보며 그들의 삶이 조금씩 더 행복해지길 바래본다.

라빠스
뽀또시
우유니

볼 리 비 아

[Bolivia]

La Paz

Potosi

Uyuni

단돈 150원의 행복

페루에서 볼리비아로 넘어가는 국경이다. 국경의 이편이나 저편이나 같은 말에 같은 종족이 사는지라 그들에게 국경은 그저 행정적이고 관념적인 경계선에 지나지 않는다. 하지만 먼 나라에서 온 생긴 것도 다른 나에게 '국경' 이라는 말은 사뭇 긴장감을 준다.

저만치서 군인들이 다가온다. 국경 군인들에게 강도 당한 이야기를 너무 들어서일까? 이제까지는 운이 좋았지만 이번에는 긴 여행을 하다 보면 한번쯤 겪게 되는 강도를 당하게 될까? 하지만 그들은 그냥 특이해 보이는 나에게 장난을 걸러 온 것이었다. 웃으며 그들에게 대꾸를 하고 가슴을 쓸어내렸다. 다행히 이곳도 푼돈 몇 푼에 편안해지는 여느 중남미 국경과 비슷했다.

그때였다. 페루에서 만난 동행 율리가 출입국 관리소에서 옥신각신하고 있다. 율리는 한국 사람처럼 보이는데 한국 사람도 일본 사람도 아니다. 일본에 살고 있지만 그의 국적은 브루나이다. 그런 까닭에 그는 어딜 가든 비자를 얻어야 하고, 비자가 있더라도 브루나이를 모르는 경우가 태반이라 여권을 가지고 실랑이를 벌여야 한다. 오늘도 처음부터 끝까지 여권을 해부당하고 다른 비자까지 샅샅이 검사 당한 후 겨우 입국 도장을 받았다. 지리적으로 가까운 나라(비자 없이 옆 동네 가듯 볼리비아로 버스 여행 즐기는 페루 여행자들)나, 심정적으로 가까운 나라들(보고 들은 것만으로도 익숙하게 느끼는 미국, 일본)에 비해 볼리비아 국경 출입국 관리 직원들에게 동남아의 섬나라 브루나이는 얼마나 아득하게 먼 나라일까?

국경을 넘어 띠띠까까 호수를 보트로 건너고 다시 달리기를 몇 시간, 드디어 라빠스La Paz(평화)다. 언덕에서 본 라빠스는 뾰족한 산들로 둘러싸여 계곡에 쏙 안긴 듯하다. 우람한 화산의 눈 덮인 봉우리, 계곡 밑바닥부터 언

덕 위로 산비탈에 꼬깃꼬깃 엉겨붙은 집들, 우중충한 하늘 아래 짙은 갈색의 산동네 라빠스는 영락없는 빈민촌 꼬락서니다.

페루에서 볼리비아로 넘어오니 마치 멕시코에서 과테말라로 넘어온 기분이다. 물가가 70%로 떨어졌고, 사람들은 거의 인디언들로 바뀌었으며 모든 사회기반시설의 질이 눈에 띄게 낮아졌다. 거리는 온통 잡상인들로 북적이고 사람들은 활기차게 움직인다. 도시 전체가 장터인 듯 어수선하다. 이런 낯선 번잡함은 분명 속속들이 이국적이지만, 이방인의 맘은 까닭 없이 편안해진다. 이젠 내 모드가 중남미 저자거리의 문화에 길들여진 걸까? 뿌노Puno부터 이곳까지는 나라는 달라도 같은 사람들이 사는 것 같다. 뿌노

시내부터 거리를 활보하던 인디언 전통복장의 사람들이 자연스럽고, 파는 것도 먹는 것도 뿌노에서 눈에 익숙해진 것들의 연장선이다.

율리와 거리에서 파는 즉석 햄버거로 저녁을 먹었다. 정말 맛있다. 맥도날드나 버거킹, 웬디스도 이런 맛, 이런 감동을 선사하지는 못한다. 2.5볼리비아노Boliviano(볼리비아 화폐단위, 370원)짜리 햄버거와 50센따보(70원)하는 복숭아 음료수 한 잔에 우리는 눈물을 흘려야 했다. 내친 김에 1볼리비아노(150원)하는 엠빠나다도 하나 맛보았다. 이제 이해가 간다. 이 비수기에 그리 볼 것도 할 일도 없는 이곳에 왜 이리 그링고가 많은지. 겨우 몇백 원이면 한 끼를 맛있게 해결할 수 있고 숙박비도 싸니 짜질대로 짜져버린 여행객들은 오랜 시간을 버틸 수 있는 이곳으로 모여드는 거다. 이럴 줄 알았으면 나도 여행계획을 조절해 빨리 오는 건데…. 이곳에서 보내는 시간이 짧다는 게 마구 아쉬워진다.

콜롬비아에서 아르헨티나까지.
남미의 국제선 버스

낮아진 봉우리 스러진 영화

새벽녘에 도착한 뽀또시Potosi는 소스라치게 춥다. 콜롬비아의 까르따헤나에서 보고따로 이동할 때 에어콘이 추워서 잠을 설친 생각이 났다. 편하게 오려고 까마(우등고속)를 탔건만 이번엔 바깥 날씨가 추워서 잠을 못 잤다. 유리창 밀폐 성능이 엉망인 창가 자리였던 탓에 오는 내내 오들오들 떨어야 했다. 뽀또시는 4,070미터의 고지라 낮이면 반팔 입고 다닐 정도로 덥지만 밤이면 영하 가까이 기온이 내려간다.

볼리비아로 넘어오면서부터 여행이 김빠진 맥주 같다. 페루에서 좋은 걸 너무 많이 본 탓일까? 라빠스 이후 싸진 물가에 비해 볼거리와 할 일은 신통칠 않다. 게다가 노동자들의 파업이 임박한지라 이제 나에겐 허락된 시간이 얼마 없다. 아니면 한 달을 어디 처박혀 더 머물러야 하니까. 뽀또시에 도착해서 한동안 고민했다. 버스 한번 더 타고 수끄레로 갈 것인가, 그냥 여기 남을 것인가? 세 시간 버스를 더 타는 것도 귀찮고, 엊그제 바에서 만난 볼리비아 건축가가 뽀또시를 추천했기에 여기 머물기로 했는데 도시가 아주 실망스럽다. 정말 멕시코 이후로 콜로니얼 문화 유산은 콜롬비아의 몇몇 도시를 제외하고 생명을 다한 듯하다. 남의 떡이 커보인다고 보고따의 안드레스 집에서 보았던 수끄레 사진집이 자꾸 생각났다.

뿌노에서 라빠스를 거쳐 뽀또시까지 시골 깊숙이 왔는데도 물건은 질만 떨어질 뿐 가격이 이상하리만치 그대로다. 살떼냐, 엠빠나다, 복숭아주스 같은 음식들은 오히려 라빠스 길거리가 훨씬 나았다. 이곳 뽀또시는 품질이 그에 못 미친다. 특히 일부러 이곳에 와서 예쁜 은 공예품을 사고자 했던 계획은 완전히 빗나갔다. 은광을 파느라 1,000미터나 낮아져버린 벌거숭이 산을 제외하고 뽀또시가 세계적인 은 생산지였음을 알려주는 흔적을 찾기란 쉽지 않다. 한때 세계에서 가장 부유한 도시 가운데 하나였다는데….

며칠 전 라빠스에서 만난 시계점을 경영하시는 김성한 선생은 보통 노동절 다음 월요일 즈음에 모든 도로가 폐쇄된다고 일러주었다. 물가는 싸고 때묻지 않은 자연도 어딘가에 숨어 있을 터이지만 시간이 허락하지 않거니와 왠지 정이 안 간다. 마음이 그렇게 기울고 나니 서둘러 '관광' 만 하고 파업을 피해 빨리 떠나야 한다는 생각만 머리를 맴돈다.

페루에서 볼리비아로 넘어가기

행운을 가져다 준다는 야마 새끼. 몸에 지니고 다닌다.

위스키를 통으로 판다. 볼리비아는 말술꾼들의 나라인가?!

미용실 너머 미용실, 미용실 너머 미용실! (근데 볼리비아 사람들은 술만 마시고 머리만 깎나?)

사막의 우주기지

PENSION PELCA
SE VENDE A
LIQUIDO Y

'우주기지' 우유니의 여자 축구단. 이래뵈도 이들은 고산족의 폐활량을 자랑한다.

뽀또시에서 우유니Uyuni 가는 길은 페루의 초원보다 훨씬 더 메마르다. 주요 간선도로 중 하나라지만 비포장이어서 먼지가 풀풀 날린다. 간혹 터키 카파도키아에서 본 외계스러운 지형과 엇비슷한 풍화암들이 눈에 띤다. 야마는 여기저기 널렸고 저 멀리 비꾸냐도 보인다. 돼지가 야마 떼와 한가롭게 어울려 있는 모습도 재미있다. 여기서는 돼지도 방목하나 보다. 캑터스는 이제까지 봤던 것보다 가지 수는 적지만 몸통은 더 통통해 보인다. 저 멀리 초원은 하얗다. 혹시 소금사막이 아닐까? 어제 표를 미리 사놓고도 자리를 잘못 골라 계속 햇볕에 시달리고 사진도 못 찍는 게 너무나 안타까울 만큼 창밖 풍경이 연신 눈길을 끈다.

산 위에서 멀리 보이는 우유니는 꼭 달에나 있을 법한 우주기지처럼 생겼다. 황량한 사막 한가운데 기적같이 홀로 솟아났다. 가까이 다가가니 주위가 온통 비닐봉지다. 사막에 비닐 쓰레기만 골라 갖다 부었나? 낮에는 제법 더웠는데 해가 지니까 콧물이 흐를 정도로 맵싸하게 춥다. 뽀또시에서 한참을 내려왔건만 이렇게 춥다니 햇볕이 사라진 우유니는 달의 뒷면이라도 되는 건지….

우유니 사막투어는 한국 여행자의 투어 소감을 발견한 한 여행사에서 쉽사리 계약을 했다. 국립공원 입장료 38볼리비아노(5,700원)는 별도였지만 좋은 조건이다. 그런데 우유니가 우주기지라면 우유니 사막투어는 우주로의 여행쯤 될 터인데, 남들은 차비고 투어비고 얼마 깎았다며 자랑하는데 난 이번 여행에 큰 노력 없이 거의 최저가에 차표도 사고 투어에도 참여하고 있다. 내가 좀 불쌍하게 보이거나 아니면 만만치 않게 보이나 보다. 입장료는 왜 이리 쌀까? 옆나라 페루는 이런 걸로 외국인 골탕 먹이는데 볼리비아는 아직 외국인 물 먹이는 법을 안 배운 모양이다.

계약도 잘 했고 이젠 볼리비아에서의 마지막 쇼핑을 하기로 했다. 이 우주기지를 떠나 다시 지구별 칠레로 넘어가면 모든 물가가 10배는 오를 터. 남은 돈을 펑펑 쓰고 가리라. 알빠까 털로 짠 모자 두 개, 인디언 문양 가방, 살사 음반 두 장, 과자도 한아름, 그러고도 돈이 남아 돌아오는 길에는 라빠스에서 날 감동시켰던 햄버거 두 개에 복숭아 음료수 두 잔을 연거푸 사먹었다. '사막의 우주기지' 우유니의 싼 물가에 가난한 여행자가 오랜만에 호사를 했다.

六국 六인

Group Multi

마이라, 아비, 웬디, 파티마, 마튜, 그리고 나, 6개국의 친구들 여섯이 우유니 여행을 함께 떠났다. 각자 다른 여행사에 신청했지만 비수기인지라 관광객이 적어 조건 맞는 이들을 모아 연합팀을 만든 까닭에 우린 만나게 되었다. 마이라는 리마에 사는 저널리스트다. 그녀는 볼리비아 국경서 그녀의 남자친구와 함께 처음 만났다. 남자친구는 리마로 돌아갔고 자신은 여행을 조금 더 한단다. 키가 192센티미터나 되는 아비는 펜실바니아 주립대에서 천문학을 공부하는데 박사 논문을 쓰기 전에 1년 간 여행하는 중이다. 웬디는 베트남 보트 피플로 오스트레일리아에 살며 IBM에서 프로그램 세일즈를 한다. 지금은 1년 간의 휴가를 즐기고 있다.

아비와 웬디는 볼리비아 국경에서 만난 급조된 커플이다. 15일 전에 만나 며칠 후면 헤어질. 파티마는 예쁜 초록눈을 가진 알제리 여인으로 스물 여섯 해 중 절반을 프랑스에서 살았다. 현재 칠레 싼띠아고에 인턴을 나와 공예품 무역 관련 연수를 받고 있다. 마튜는 프랑스인 아버지와 베트남인 어머니 사이에서 태어났다. 잘 생기고 착한 그는 다큐멘타리 촬영을 하고 다음 프로젝트를 위해 르완다로 떠날 계획이다. 파티마와 마튜는 예쁜 커플이다. 6개국에서 온 6명의 사람이 모두 다른 일을 하고 있다. 이렇게 국적도 하는 일도 다른 다양한 사람이 함께 하기는 쉽지 않을 거다. 우리는 모두 만난 것을 기뻐하며 의기투합해서 팀 명칭을 '멀티' Multi라고 정했다.

우리는 주로 스페인어로 얘기를 나눴다. 마튜와 웬디를 제외하고 모두 스페인어를 했고, 나를 빼면 모두 유창하다고 할 수 있었다. 그러다가 웬디가 스페인어를 못하기에 영어로 가끔 모드를 전환하기도 한다. 대화가 깊어질수록 나는 스페인어든 영어든 점점 이해하는 비율이 낮아진다. 반면 마튜는 영어도 스페인어도 거의 못하지만 신기하게 스페인어로 이야기하면 대강 알아듣는다. 같은 뿌리를 가진 언어를 사용하는 건 참 편리한 일이다. 파티마는 마드리드서 겨우 두 달 스페인어 연수하고 말을 유창하게 잘 한다. 아비는 에콰도르의 어느 해변에서 바텐더로 2개월 일하면서 배운 스페인어로 농담하는 것을 알아들을 정도다. 이런 경우에 비하면 나는 10여 년 이상을 배운 영어, 1년을 공부한 스페인어가 여전히 겉도는 느낌이다.

그룹 멀티가 처음으로 찾아간 곳은 소금사막. 눈이 부시다. 사방은 온통 '소금'! 온 천지가 하얀 눈으로 뒤덮인 듯하다. 차로 몇십 분을 달려도 하얀 색과 눈부신 하늘 외엔 아무것도 찾아볼 수가 없다. 소금사막의 고인 물에 비친 하늘은 제 빛보다 더 깊고 푸르다. 벌집 같은 커다란 육각형 무늬는 소금 벌판 저 멀리까지 한없이 이어진다.

소금사막의 가장 두꺼운 곳은 8미터에 이른다. 사람들은 사막에 물을 뿌려서 소금을 녹여 정제염을 얻고, 톱으로 썰어 암염 벽돌을 만들고 집을 짓는다. 빗물이 대지의 소금을 녹이는 까닭에 신기하게도 소금사막은 줄지 않는다고.

뉘엿뉘엿 해가 저문다. 보잘 것 없던 작은 물체들도 저마다의 긴 그림자를 드리우며 자신의 존재를 알리고, 하얀 캔버스 같은 소금사막은 하늘빛을 담아 시시각각 아름다운 빛깔을 연출한다. 그룹 멀티는 해가 지평선 저편으로 사라질 때까지 그곳에 머물며 자연이 만들어 내는 아름다운 향연을 즐기다가 떠오르는 달을 바라보며 소금 호텔로 향했다.

소금 호텔은 지붕하고 화장실을 제외하고
호텔의 모든 게 소금이다.
단단한 암염을 잘라 만든 블록으로
집을 짓고, 의자며 탁자를 깎고,
침대를 만들었다.
바닥도 굵은 소금을 깔아 하얗고 깔끔하다.

사막의 플라멩고

우유니 투어는 험한 사막 오프로드 길을 지프차를 타고 3~4일 간 달리는 일정이다. 이곳의 사막은 듄이 연상되는 모래사막이 아니라 돌과 산으로 이뤄진 암석사막이고, 표고는 무려 4,000~6,000미터를 오르내린다. 저편 화산의 정상에는 연기가 나는가 하면 한쪽으론 눈이 덮여 있고 산 아래는 소금 덮인 땅이 백설기처럼 하얗다. 아무것도 살지 못할 듯한 황량한 벌판에는 딱딱한 이끼와 난장이 나무들이 듬성듬성 자란다. 이렇게 대지가 모든 것을 벗어버리고 순수해지니 스케일을 가늠하기가 어렵다. 예쁘게 솟은 저 화산은 높이가 얼마나 될까? 대체 여기서 얼마나 떨어져 있는 거지? 하늘은 구름 한 점 없는 파란 빛이고 사방을 둘러봐도 텅 빈 대지 위에 덩그러니 우리 그룹 멀티뿐이다. 정말 갈수록 가보지도 않은 달표면이 자꾸만 떠오른다.

어디가 어딘지도 모를 곳을 달리고 넘어 드디어 라군(염호)에 도착했다. 이 깊숙하고 메마른 곳에 호수가 있는 것도 신기하지만 더 놀라운 건 그곳에 플라멩고(홍학)가 살고 있다는 거다. 야생의 플라멩고라면 열대 호숫가에서 다리 하나 들고 졸고 있어야 어울릴 터인데, 이런 고원 사막에서 처음 마주치게 되다니…. 플라멩고는 고개를 떨구고 한시도 쉬지 않고 뭔가를 먹어댄다. 민물도 아닌 염호에 먹을 게 얼마나 있을꼬…. 플라멩고가 살고 있는 이곳은 생경하고 아름다울지언정 살기에는 너무 혹독해 보인다. 더워도 햇빛 피할 그늘 하나 없거니와, 1년 내내 가문데다 저녁이면 춥고 거친 바람이 황야를 휩쓴다. "플라멩고야, 넌 어쩌다 이곳까지 와서 살게 되었니?"

영하 13도 사막에서 온천욕을

오지 중에서도 오지까지 들어왔다. 저녁에 두어 시간 공급된다던 전기는 이미 나가버렸고 일찍 자는 것 밖에는 달리 할 게 없다. 날씨가 추워지는 것 같아 옷을 잔뜩 껴입고 누웠다. 빡빡한 일정을 소화한 뒤라 피곤하기도 했다. 난 등만 붙이면 어디서든 잘 자는 편인데 추워서 잠이 안 온다. 난방 시설이 없는 탓에 옷을 죄다 꺼내 입고, 몇 겹의 이불을 덮었건만 추위는 뼛속까지 파고든다. 오한에 위가 얼어붙는 기분이다. 파들파들 떨다가 결국 복통이 밀려와 촛불을 하나 켜 들고 화장실에 가야 했다. 그렇게 뜬 눈으로 밤을 새우며 새벽이 오길 기다렸다. 드디어 먼동이 떠오른다. 살았다는 기분이 든다. 출발 준비를 하는 마르셀로(운전수)에게 기온을 물었다. 영하 13도!

따뜻한 차 속에서 잠깐 잠이 들었다가 눈을 비비며 처음 도착한 곳은 간헐천이었다. 쉴 새 없이 증기가 솟구치고 한켠에서는 진흙이 부글거린다. 솟아오르는 증기를 쬐며 얼어 붙었던 몸을 녹였다. 저편으로 둥그런 해가 어둠을 걷어내며 떠오른다. 해가 정말 난로 같다. 군에 있을 때 겨울 새벽 근무 중 해가 솟으면 "이젠 살았구나" 탄성이 절로 났는데 오늘도 그런 느낌이다. 따뜻한 햇살을 만끽하며 지구가 살아 있음을 그리고 태양이 지구에 생명력을 불어넣고 있음을 새삼 실감했다.

가까운 온천에 들러 추위에 얼어버린 몸을 녹이기로 했다. 도착한 곳은 어느 곳보다도 순수한 형태의 노상 온천이었다. 텅 빈 벌판에 솟아나는 샘 하나, 그 곁의 작은 흙벽돌 집 하나가 온천 시설의 전부다. 그런데 예상보다 온천물이 뜨겁지 않아 실망이다. 허나 얼었던 몸을 녹이자는 일념으로 온천에 몸을 담궜다. 목밑으로는 뜨듯해서 견딜 만한데 얼굴은 영하의 날씨에 얼어붙는다. 그래도 거기까진 천국이었다. 온천욕을 마치고 탕 밖으로 나온 순간, 세포 하나하나를 얼리는 듯하던 추위! 그 나락의 느낌이란….

아따까마
라쎄레나
발빠라이소
싼띠아고
부에노스아이레스
라우따로
멘도사
발디비아

칠 레 | 아 르 헨 티 나

[Chile]
[Argentina]

San Pedro de Atacama
La Serena
Santiago
Lautaro
Valdivia
Valpalaiso
Mendoza
Buenos Aires

선을 하나 건넜더니

국경선 하나를 두고 이렇게 달라질 수 있을까? 국경을 넘자 갑자기 나타난 잘 포장된 도로와 정돈된 표지판을 따라 한참 동안 내리막길이다. 아따까마Atacama가 2,400미터쯤 되니까 천 미터 이상을 내려온 셈이다. 그래서인지 아침까지 추위에 오들오들 떨었는데 이젠 반팔을 입을 만큼 따뜻하다. 세관 검사도 다른 라틴 나라와 달리 철저하다. 병균 전염을 막기 위함인지 신발도 닦게 한다. 칠레가 남미의 선진국이라더니 선을 하나 두고 이웃 나라와 많은 게 달라졌다.

우리 그룹 멀티는 헤어지기가 아쉬워 아따까마에서 며칠 더 같이 보내기로 했다. 파티마가 전에 들렀던 호스텔에 여장을 풀고 함께 시내로 나섰다. 거리를 걷는 사람들은 훤칠한 키에 한결 유럽스러운 서구적 외모이고 그런 얼굴에 어울리는 친절함이 몸에 배어 있다.

작게는 2배, 많게는 8배 가량 올라버린 물가도 아주 낯설다. 6명인 우리 일행의 숙박비는 개인당 5,000뻬소peso(10,000원), 국경 너머 볼리비아에서 지불했던 10볼리비아노(1,500원)의 7배다. 밥값은 거의 한국 수준이 됐다. 그리고 싸구려 길거리 음식이 자취를 감췄다. 전 여행지와 가격비교를 하곤 했는데 그럼 먹지도 마시지도 못할 정도다. 게다가 이곳에선 팁도 줘야 한다. 가게에선 햄 한 조각, 빵 한 조각도 정확히 무게를 달아 판매한다. 작은 가게도 백화점만큼 다양한 상품을 팔고 있다. 그리고 아무리 조금 사더라도 영수증을 꼭 챙겨준다. 우리나라나 미국보다 훨씬 철저하다.

달의 계곡. 1956년 이후로 비가 안 왔다는 세상에서 가장 건조한 곳.

콜롬비아를 빼고 멕시코에서 볼리비아까지 이어져 오던 같은 류의 문화는 자취를 감췄다. 도시는 온통 시장 같고 밤 늦게까지 사람들의 번잡함과 즐거운 소란스러움이 넘치던 느낌, 부르는 값의 1/3은 깎아야 양자가 만족스러워 하며 껄껄대던 분위기, 쓰레기를 거리에 별 죄책감 없이 내던지던 행인들, 이 모든 게 국경선 하나를 건너니 홀연 사라졌다. 사람들은 유럽인인 양 행동하고 거리는 아주 깨끗해져서 낯설기까지 했다.

마을의 도로는 비포장이었지만 오히려 아도비(진흙 벽돌)로 지어진 집들과 전혀 어색함 없이 잘 어울린다. 아도비 집들도 그 내부는 고급스러움이 묻어나는 인테리어로 꾸며져 있다. 센뜨로에는 위성통신을 이용한 현금지급기도 있다. 선 하나 건넜을 뿐인데 영판 다른 대륙, 다른 공간으로 이동을 한 듯 너무 달라진 라틴 나라 칠레에 적응하느라 멍하고 황황하다.

아따까마 사막의 가이드 개

그룹 멀티가 함께 하는 마지막 저녁, 진수성찬에 포도주와 삐스꼬 샤워를 곁들여 기분좋게 먹고 놀았다. 그래서 늦잠을 자고 싶었지만 나와 웬디는 앤드류라는 영국인과 샌드 보드를 타러 가자고 약속을 해놔서 아침 일찍 호스텔을 나서야 했다. 이미 타봤다는 마튜와 아비는 신통찮다며 말리는 분위기였지만 꼭 한번 해보고 싶었던 터라 가보기로 했다.

보딩 장소는 마을에서 그리 멀지 않은 달의 계곡 근처였다. 과연 제대로 미끄러질지 의심스러운 허름한 보드와 자전거를 빌려 우리 셋은 사막을 향해 출발했다. 그때 개 한 마리가 우리를 따라 왔다. 대여점 근처에 모여들었던 여러 개들 중 한 마리다. 마을을 벗어나니 우리보다 조금 앞장서 가는 폼이 마치 가이드라도 하는 것 같다.

아따까마는 개들의 천국이다. 아침마다 광장에는 조회라도 하듯 열 마리 정도의 개가 모여 든다. 정말 가관이다. 여기 개들은 볼리비아 개들과 달리 영양 상태가 좋아 보인다. 그리고 홀대받던 그곳과는 틀리게 사람들과도 매우 친숙하다. 어제도 아따까마뇨(인디언 부족) 유적지에서 갑자기 나타난 개가 마을까지 우리와 함께 했다. 마치 가이드처럼.

10분 동안 끙끙대며 '가는 모래 언덕' 듄을 올라
미끄러지고 멈추기를 반복하며
1분이면 끝나버리는 샌드 보딩은
그다지 타 볼 만한 게 못 되었다.
스노보딩의 턴은 꿈도 못 꾸는 것은 물론이고.

오늘도 마찬가지다. 이유가 뭔지는 모르겠지만 출발할 때 모였던 개들 중에 한 마리가 우리와 동행한다. 모인 개들 중 우리 담당으로 선발이라도 된 걸까? 출발부터 도착, 보딩할 때도 계속 우리 곁에 있더니 돌아오는 길까지 안내한다. 귀찮게 하거나 잠시 다른 곳에 다녀오지도 않는다. 우리가 잠시 쉬면 저도 쉬고, 밥 먹을 때도 옆에서 조용히 자리를 지키고, 목이 마르면 땅을 파 풀뿌리에서 수분을 섭취한다. 혹시 먹을 것 때문에 저러나 싶었지만 주는 것만 맛있게 먹고 더 달라고 보채질 않으니 그 이유는 아닌 듯하다. 우리가 보딩을 할 때는 언덕에 앉아 조용히 기다리거나 보딩하는 사람이랑 같이 모래언덕을 뛰어 내려간다. 돌아올 때는 우리가 처지지 않는지 자꾸 뒤를 돌아보며 보조를 조절한다. 아따까마 사막의 자원봉사 가이드 개. 오늘도 그 개들은 낯선 여행자들을 사막의 모래 언덕으로 인도하겠지? 시키는 이, 바라는 이 없어도, 묵묵하게….

촌스러운 유럽 라쎄레나

고속버스 요금이 볼리비아의 3배로 오르더니 수준도 그에 버금가게 달라졌다. 이제까지 어느 곳에서도 이런 써비스를 제공하는 버스를 본 적이 없다. TV와 음악은 기본이고, 식사 때면 먹을 것 주고, 저녁이면 베개와 담요가 나온다. 좌석이 한국의 우등 버스보다 좁긴 하지만 편안하기 그지 없다. 아따까마를 떠나 17시간을 이동했지만 거짓말같이 피곤하거나 지루하지가 않다. 남북으로 4천 킬로미터가 넘는 나라이기에 버스 문화가 참으로 남다르다.

라쎄레나La Serena에 발을 디디니 아주머니 한 분이 마치 날 기다렸다는 듯 반겨주신다. 이르마 아주머니. 별 생각 없이 아주머니를 따라가 보통 가정집에 자리를 잡았다. 마치 아는 친척집에 놀러온 듯 편안하다. 집을 지키고 있던 대학교 졸업반인 아주머니의 딸 까뇰리나Cañolina가 쎄레나에 대해 많은 이야기를 들려준다. 까뇰리나는 지도를 펼쳐 놓고 쎄레나를 조목조목 일러주었다. 그녀는 칠레 사람, 칠레노라는 것에 자부심이 대단하다. 그래서 페루 사람들이 이곳 칠레에 와서 원정출산을 해 — 우리가 미국 원정출산 하듯 — 아이들에게 칠레 국적을 선물한다며 흥분을 감추지 못한다.

쎄레나 시내로 나섰다. 오후가 되도록 아침의 우중충한 날씨가 쭈욱 이어진다. 이런 날씨가 겨울 내내 계속되지만 비는 거의 없다고. 거리를 걷다 보니 마주치는 사람들이나 주위 풍경이 마치 프랑스나 독일의 어느 시골에 온 듯한 착각에 빠지게 한다. '조금 수준 떨어지는 유럽' 이라면 딱 맞겠다. 전혀 위험하지 않은 공원 한편 공사장의 서슬 퍼런 위험 표시, 시뻘건 바리케이드를 쳐놓은 모습이 참 오랜만이다. 번잡하고 지저분하리라 생각했던 시장은 예상과 영 딴판이었다. 관광객을 위한 곳인가? 이 작은 도시에 관광객만을 위한 시장이 따로 있을 리 만무한데? 시장은 유럽의 벼룩 시장을 떠

올리게 하는 앙증맞은 부스들이 즐비하고 정돈이 잘 된 게 시장이라기보다 쇼핑센터에 가까웠다.

바다를 보고 싶어 옆 동네 꼬낌보Coquimbo 부둣가로 향했다. 기사 아저씨에게 어시장 근처에 내려 달라고 했지만 아저씨가 잊어버리는 통에 꼬낌보 시내관광을 한 바퀴 했다. 항구 도시 꼬낌보도 거리가 깨끗하고 잘 정돈된 모습이다. 시장을 지나친 것이 미안했던지 기사아저씨는 다른 버스를 잡아 세우더니 내 버스비를 대신 내며 기사에게 나를 어시장에 데려다 줄 것을 부탁한다. 까뇰리나의 자긍심만큼이나 이곳 사람들은 친절한가 보다. 바다사자와 펠리칸을 보며 여유로운 오후 한때를 즐기는 가족들의 모습, 유럽의 한 귀퉁이인 양 깨끗한 거리, 밤 늦게까지 불안해 하지 않고 탈 수 있는 버스, 이제껏 맛보지 못한 라틴의 색다른 모습들이다.

싼띠아고에 머물리라

TENTACIÓN
418
800 362 236
www.correos.cl
CORREOS CHILE
A 100 m
80 años en su hogar
JUNKERS
Tecnología alemana a su alcance

1

싼띠아고Santiago에 도착했다. 관광은 사실 뒷전이다. 오늘부터 부지런히 내가 여기서 머물 필연적 핑계거리를 찾아야 한다. 내 여행의 목적 중 하나가 칠레에서 얼마간 머물고 일하면서 이곳의 경제 현황을 살피는 것이기에. 그리고 가능하다면 막연하게 그 일이 매우 활동적이고 희망적인 일이길 바래본다. 먼저 한인회와 무역공사KOTRA에 들러 정보를 수집하기로 했다.

한인회에 가기 전에 한국 상점이 많다는 빠뜨로나또Patronato 거리를 걸었다. 라쎄레나의 까놀리나는 빠뜨로나또가 전국적으로 유명한 패션가라고 소개했다. 마치 우리 동대문이나 남대문처럼. 그곳에 상권을 만든 게 한국인이며, 옷이 값싸고 질 좋기로 유명하다는 것.

한국인들이 이리도 많으니 반갑긴 한데 오히려 어색하다. 여행 내내 한국인 관광객을 만난 것조차 손에 꼽을 정도인지라. 거리를 이리저리 어슬렁거리다가 한 가게에 들어섰다. 그리고 인상 좋아보이는 주인 아주머니에게 이야기를 건넸다. 이민온 지 17년째인 김수잔나 아주머니. 그녀에게 날 팔기 위해 여기까지 왔다고 말씀 드렸을 즈음, 그녀가 갑자기 어디다 전화를 건다. "동서, 여기 한국서 손님이 왔으니 된장국 좀 끓여." 여행하느라 제대로 된 밥 한번 못 먹었을 거라며 때 늦은 점심을 챙기는 그녀. 엉겁결에 된장국에 밥을 먹자니 눈물이 핑 돌 지경이다.

한인회에 가서는 칠레 사무직원만 자리를 지키고 있어 허탕을 치고 신시가지에 있는 코트라로 발길을 돌렸다. 코트라는 여의도 분위기의 금융가 한복판에 있었다. 거기서 신혜진 과장을 만났다. 인텔리한 커리어우먼, 파견근무 4년째라는 그녀는 인터넷에서 내가 이미 살펴본 칠레 자료 이외에 새로울 것이 없다고 했다. 그녀로부터 칠레와 한국 무역에 관한, 칠레 상황에 관한 여러 가지 — 지금은 'HS code'란 단어밖에 생각이 안 나지만 — 정보를 들었다. 그리고 내가 찾는 칠레-한국 사이의 건축 분야 교류는 없을지 모른다고 느꼈다. 아님, 내가 최초로 만들어내야 하거나…. 내가 쏟아 붓는 조리도, 앞뒤도 없는 말들에 그녀는 혼란스러워 했다. 나도 혼란스러웠

다. 무슨 말을 해야 할지 모르고 갔으니…. 의지는 있으되 요지는 없었던 게 사실이었다.

그녀와 이야기를 마치고 생각을 정리하기 위해 걷지 않으면 안 되었다. 역시 생각하는 데는 걷는 게 최고지. 해 질 무렵의 싼띠아고는 몽롱한 핑크가 섞인 회색빛이다. 스모그 때문일까? 내 기분도 어느새 우울한 잿빛으로 물든다. 피곤하다. 너무 많이 생각했고, 너무 많이 걸었다. 생각을 걷어낸 자리로 스멀스멀 잠이 밀려온다.

음냐…. 음냐….

푸욱 잠들어야 해 오늘은. 그래서 쓸데없이 부풀린 생각들을 모두 지워내야 해… 음냐… 음냐…

2

어제 코트라에서 들은 참으로 절망적인 말을 — 건축 관련 일이나 건축 자재를 다루는 업체는 이건산업 뿐인데 그마저 남쪽으로 10시간쯤 떨어진 곳에 있다는 — 되뇌이며 잠의 나락에 빠져들어 그야말로 푹 잤다. 샤워를 하고 깊숙이 넣어 두었던 면바지와 좋아하는 이태리모 옷을 꺼내 입으니 기분이 다시 상쾌해졌다. "그래, 겁먹을 거 없다. 없으면 내가 만들 테다."

어제 만나지 못했던 교민회 신 선생은 몸이 좋지 않은데도 매우 친절했다. 그분 도움으로 종합상사 몇 곳에 전화를 했다. "바빠요. 만날 약속은 못 하겠네요. 용건은 이메일로 주세요." 다들 같은 반응이다. 일단 뜨내기에다, 황당한 포부를 가지고 온 나에게 단 5분의 시간조차 할애하기를 꺼리는 눈치다. 유럽에서도 그랬는데 여기서도 상사로 파견 나온 사람들은 좀 차고 교민들과 잘 어울리지 않는다고 한다. 어쨌든 번번이 좌절이다. 마지막 전화했던 이건산업 본부장만 그나마 이야기를 조근조근 들어주었다. 이력서와 황당한 내 포부를 팩스로 넣고 나서 다시 통화하니 "그런데, 여기서 일하는 것은 곤란할 것 같은데"라는 대답이 돌아왔지만….

점심을 코스타리카에서 이곳으로 다시 이민 오신 다른 교민들과 함께 먹었다. 오랜만에 마신 소주 몇 잔에 대략 멍멍한 기분으로 시내를 방황하다 무작정 신 선생에게서 소개 받은 김 사장의 인쇄소로 찾아가기로 했다. 가까운 줄 알았다가 정말 한참을 걷고서야 도착한 회사에서 다행히 김 사장과 동업자 박 사장 두 분을 볼 수 있었다. 모두 인상이 좋고 깊은 신앙심의 소유자들이었다. 내 얘기를 다 듣더니 "사실 시킬 일은 없는데… 하루에 10,000뻬소면 되나?" 하고 묻는다. "근데 자네에게 도움이 될까"라는 걱정을 덧붙이며. 일단 시킬 일이 있을지 검토하기로 했다. 긴긴 좌절 끝에 최초의 긍정적 반응이다. 김 사장 댁에서 저녁을 대접 받으며 칠레에서 사업하는 이야기를 밤이 늦도록 들었다. 아직 확정되지는 않았지만 싼띠아고에서 당분간 머물 가능성이 많이 커졌다.

3

칠레가 내 인생에 무슨 인연이 있을까? 아무리 생각해도 필연적 이유가 없는 이 밑도 끝도 없는 칠레에서 일하겠다는 나의 노력은 사흘째 수소문으로 이어졌다. 어제 일로 한결 가벼운 마음으로 다시 들른 교민회에서 신 선생 대신 교민회장을 만날 수 있었다. 회장께서는 칠레에 머물며 일하겠다는 내 이야기를 찬찬히 듣더니 여기 저기 전화를 걸었다. 하지만 그의 네트워크로도 역시 건축 관련 일을 하는 사람을 찾지는 못했다.

마지막으로 한 통만 더 해보자며 전화를 걸더니 대뜸 "야, 너 사람 안 필요하냐"고 묻는다. 이렇게 해서 나는 이 사장을 만난다. 이 사장은 사업을 위해 칠레에 귀화했다. 한국에서는 의류기계와 수출선적 사업을 하다가 회사가 도산해서 칠레로 이민을 왔고 이곳에서 중국시장을 개척하고 다시 회사를 일으켜 세워 지금은 중국 무역 업무와 싼띠아고 교통 관제 시스템 관련 사업을 하고 있다고. 그는 내게 무척 호의적이었고 당장 사무실에 자리를 마련해주겠다며 자기 집에서 묵어도 좋다는 말을 덧붙인다. 그의 회사에서 원하던 무역 일을 배울 수 있을 듯하다.

전날 들른 인쇄소보다 이곳이 내가 더 필요한 자리 같아 이곳을 택했다. 히든 카드는 마지막 장에 였나. 기어이 이루어질 일은 늘 막판에 이루어지는 법. 칠레에서 맺어진 어느 귀화한 사업가와의 인연이 내 인생의 원점에서 나를 다시 돌아보는 좋은 기회가 되기를 바란다.

떠돌이 여행자보다 더 용감한…

이건산업 칠레 현지 법인 '포레스딸 라우따로' Forestal Lautaro의 정인철 법인장, 그는 이건에서 일한 11년 중 칠레에서만 9년을 일해 지금은 현지 직원 300명, 한 해 매출 250억에 이르는 한 회사의 법인장이 됐다. 그는 지난 달에 16일을 출장으로 보냈다. 그가 거쳐온 치열한 삶의 장면들을 전해 들으니 사뭇 숙연해진다.

멕시코 거래선을 뚫기 위해 2년 간을 성과없이 한 회사에 다니며 수모를 당한 일. "처음엔 10분 만나주고, 다음엔 30분 만나주고, 그렇게 그렇게 첫 거래까지 2년이 걸렸다." 나처럼 밑도 끝도 없이 찾아와 사업을 하고 싶으니 물건을 공급해 달라며 이곳까지 찾아온 멕시칸 이야기. "지금은 사업 확장해서 미국에 지사를 낼 정도가 됐다." 아무런 연고도 없던 회사와 거래선을 열려고 수차례 시도하던 차에 하루는 전화를 했더니 담당자는 퇴근하고 우연히 사장이 전화를 받아 일이 성사된 경우. "사장은 잠깐 개인적인 물건을 가지러 회사에 들렀던 거였고 지금은 VIP고객 중에 하나다." 숨가쁘고 박진감 넘치는 정 법인장의 얘기는 끝도 없이 이어졌다.

정 법인장이 라우따로에 도착해 '포레스딸 라우따로' 를 물으면 누구나 안다고 하기에 의아해 했다. '포레스딸 라우따로' 는 이건이 떼무꼬Temuco 근처의 작은 도시 라우따로에 세운 공장 이름으로 시 전체 전기의 60%를 쓸 만큼 독보적으로 크다는 것. 1998년 한국의 IMF 외환 '위기' 를 '기회' 로 삼아 독자 법인으로 독립했고, 이제는 그룹 내에서 가장 튼튼한 계열사로 손꼽힌다. 정 법인장은 오랫동안 여행을 하며 떠돌고 있는 나에게 용감하다고 했지만, 그처럼 산업전선에서 거래선을 뚫고, 경쟁에서 살아 남는 일이 훨씬 더 도전적이고 힘든 일임은 불 보듯 뻔한 노릇이다. 정 법인장은 선택과 판단이 쉽지 않은 상황에 숱하게 부닥쳤는데 많은 것이 '이미 알고 정하

신 그'의 뜻에 의해 결정됐다고 겸손해 했다. 하지만 무엇보다도 본인의 뜻과 의지, 그리고 노력이 '그'의 뜻을 가능케 했으리라.

"칠레에 왜 이건산업이 있는가?" 정 법인장이 회장께 물었더니 "글쎄, 나도 모르겠는데…"라고 답했다고. 하긴 나도 내가 왜 지구 반대편인 이곳 칠레까지 왔는지 모르겠다. 더하여 이 작은 마을 라우따로까지 와서 왜 정 본부장을 만나는지도. 그렇게 라틴은 나를 자신의 품으로 불러들여 아름다운 제 속살을 내보이고 그 품속에 다채로운 삶들이 깃들어 살고 있음을 알게 했으니, 이 또한 '그'의 뜻이런가?

발디비아의 삐에로

수산물 자원이 풍부하다는 칠레라지만 광장 한켠의 발디비아Valdivia 시장은 그저 그랬다. 금세 두어 바퀴를 돌며 사진을 찍다 막 떠나려는데, '컹컹' 심상찮은 바리톤의 울림이 나를 돌려 세운다. 개 짖는 소리는 아닌데? 그럼 혹시…. 소리를 찾아 어물전 뒷편으로 가보았다. 이럴 수가! 황소만한 바다사자가 목청을 돋구고 있었다. 놀랍게도 열 마리도 넘는 바다사자들이 한 부스에 각기 한자리씩 자리를 차지하고 생선 다듬고 남은 찌꺼기를 달라며 모두들 아우성이다.

백령도까지 물범 보러 갔다가 한 마리도 못보고 허탕쳤고, 바예스따 섬에는 바다사자 군락지 보러 비싼 돈 들여 투어 갔고, 불과 며칠 전에도 꼬뀜보에서 서식지까지 배타고 다녀왔다. 바자사자는 갈라파고스 같은 특별한 곳이 아니면 직접 대하기 힘든 특별한 동물이라 여겼는데 이곳 발디비아 수산시장에서는 오히려 사람을 찾아와 구슬픈 표정을 하며 먹을 것을 달라고 애원한다.

갈라파고스 비디오가 생각났다. 사람과 바다사자가 서로 신기해서 얼굴을 맞대고 관찰하던 모습이. 나도 그렇게 한 녀석과 눈을 맞추었다. 순박해 보이는 큰 눈을 꿈벅거리며 내게 돌진하는 녀석의 기세에 흠칫 놀라 물러섰지만.

저쪽을 보니 한 녀석은 울타리를 올라탔다. 바로 앞 상인은 바다사자를 전혀 신경 쓰지 않고 생선을 다듬는다. 어떤 녀석은 아예 울타리를 넘어 어시장 안으로 들어와 있다. 조금 있으니까 청소부가 울타리를 넘어가 빗자루로 바다사자를 때려 비키게 하고선 태연하게 비질을 한다. 넘어온 한 녀석은 생선 다듬는 상인 너무 가까이 갔다가 아저씨가 막대 같은 걸로 때리는 시늉을 하니 얼른 뒤뚱뒤뚱 내뺀다.

8년 전쯤에 바다사자 두 마리가 사람들이 주는 생선을 받아먹기 시작한 뒤 차츰차츰 그 숫자가 늘어왔다고 한 청년이 말해준다. 넓은 바다로 나가 직접 잡아먹지 남세스럽게 사람들이 주는 생선 머리나 받아먹다니…. 손쉽게 먹이를 구하고자 어물전의 광대 노릇을 자청하는 바다사자들은 분명 애처로운 발디비아의 삐에로였다.

발디비아의 흑림
*발디비아 행 버스에서 내다본 칠레의 화산들은 이제까지와 사뭇 다른 느낌으로 어여뻤다.
발디비아 터미널 바로 앞의 강변 산책로에서 바라본 천변풍경도 아늑하고 우아하다. 강가 저편엔
그림 같은 삼각지붕의 저택들과 울창한 삼림이 그득하다.
발디비아가 독일 이민자들이 정착한 땅이라더니, 이들은 떠나온 땅 슈바르츠발트[흑림]의
프라이부르크를 예다 재현하고팠던 걸까? 그런 선입견 때문인지 발디비아의 행인들도
칠레 다른 데서보다 더 뽀얀 피부의 소유자들이다.*

쇠락해버린 해군 도시

칠레 여행의 백미라는 또레스 델 빠이네Torres del Paine에 갈까 계속 고민하다 추위에 몇 차례 시달리고 그곳 가는 것을 미루기로 했다. 다시 북상한 곳은 항구 도시 발빠라이소Valpalaiso. 싼띠아고에서 한 시간 반 거리의 발빠라이소는 서울의 인천과 비슷한 곳이다. 하지만 지금의 발빠라이소는 과거의 영화를 잃어버리고 빛바랜 추억만 굴러다니는 거리였다. 시내 중심가를 가득 채운 고전주의 건물에서 흥청대던 항구 도시 발빠라이소의 모습을 상상해볼 수는 있지만, 이미 폐허가 되어버린 몇몇 건물은 그 모든 게 과거지사임을 말하는 듯했다.

발빠라이소의 명물은 단연 경사지를 오르는 궤도차Ascensor다. 여기 저기 족히 십여 개는 됨직한 궤도차 주위로 예쁘게 칠해진 집들이 알록달록하다. 궤도차를 타고 오르면 시내와 바닷가를 굽어볼 수 있다. 궤도차는 언덕위 산동네 사람들에겐 좋은 교통수단으로, 관광객에게는 재밌는 관광거리로 쓰임새가 높다. 센뜨로의 끄트머리에서 궤도차를 타고 언덕에 올랐다. 부두 전체가 한눈에 들어온다. 한쪽 부두는 해군 군항으로 쓰이고 있었다. 발빠라이소는 진해와 자매결연까지 맺은 해군 도시라는데 군항의 규모는 생각보다 아주 작다. 3,000톤급 을지문덕함 크기의 군함과 그보다 작은 서너 척이 정박한 함정의 전부였다.

해군의 날 기념행진

콘테이너를 선적하는 골리앗 크레인 두 대가 눈길을 사로잡는다. 항만에 들어가 선적하는 것을 본 적이 없을 뿐더러 이렇게 부두 전경을 굽어 볼 수 있는 경우도 드물 것이기에 신기했다. 콘테이너 트럭이 정해진 자리에 정차하면 골리앗 크레인이 아주 쉽게 콘테이너를 집어 들어 콘테이너 선에 옮겨 싣는다. 간단한 작업이지만 아주 흥미롭다. 전에 "아무개가 무역을 하는데 작은 규모는 아니고 콘테이너 단위로 한다"라는 말을 들은 적이 있다. 새삼 생생하게 느껴진다. 더구나 외국에 나와 있어서 그런지 무역일선의 현장감이 묘한 흥분조차 자아낸다. 저 하나 하나의 콘테이너는 얼마나 많은 시간과 노력, 투쟁의 결과일까?

CIBER

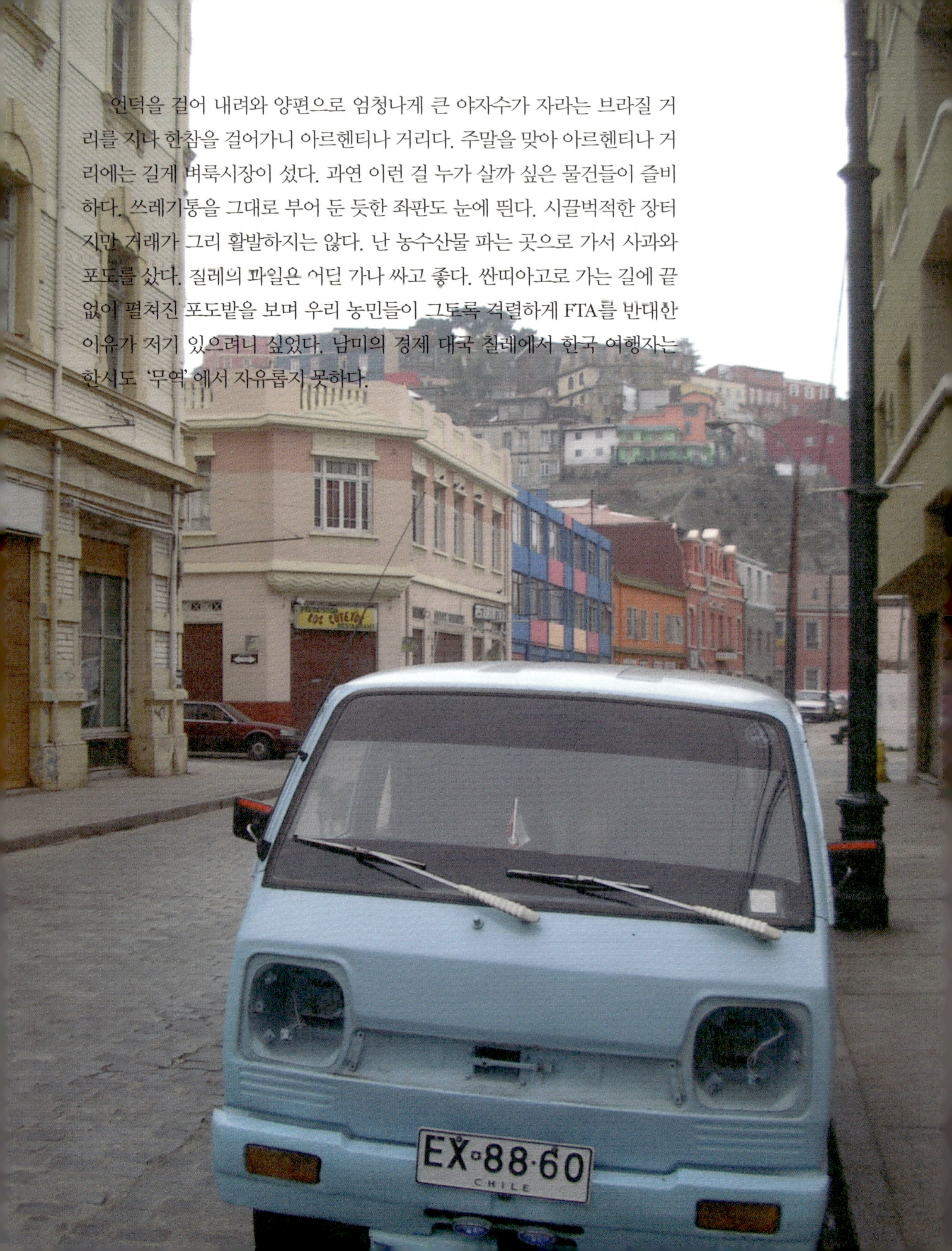

언덕을 걸어 내려와 양편으로 엄청나게 큰 야자수가 자라는 브라질 거리를 지나 한참을 걸어가니 아르헨티나 거리다. 주말을 맞아 아르헨티나 거리에는 길게 벼룩시장이 섰다. 과연 이런 걸 누가 살까 싶은 물건들이 즐비하다. 쓰레기통을 그대로 부어 둔 듯한 좌판도 눈에 띈다. 시끌벅적한 장터지만 거래가 그리 활발하지는 않다. 난 농수산물 파는 곳으로 가서 사과와 포도를 샀다. 칠레의 과일은 어딜 가나 싸고 좋다. 싼띠아고로 가는 길에 끝없이 펼쳐진 포도밭을 보며 우리 농민들이 그토록 격렬하게 FTA를 반대한 이유가 저기 있으려니 싶었다. 남미의 경제 대국 칠레에서 한국 여행자는 한시도 '무역'에서 자유롭지 못하다.

아르마스 광장의 일요일 오후

일요일 오후 느지막한 시간에 거리로 나섰다. 아르마스Armas 광장은 생각보다 한산하다. 일요일이라 와글와글 발 디딜 틈도 없이 붐비리라 상상했건만 시내는 여유로운 편이다. 로봇으로 분장한 사람, 마이클 잭슨 복장에 브레이크 댄스를 추는 사람, 코믹한 마임 공연을 하는 이, 전통춤 꾸에까를 추는 팀, 이런 거리공연이 참 많은 게 특이한데, 그 종류도 다양하고 행인들의 호응도 무척 좋다. 그 중 아무 분장도 없이 그저 입심으로 버티는 스탠딩 개그가 단연 인기만점이라는 게 내 눈에는 희한했다.

싼띠아고 사람들은 다른 라틴과 달리 찢어진 눈의 나에게 별 관심을 보이지 않았다. 그렇다고 주위에 동양인이 아주 흔해 그런 것도 아니다. 싼띠아고 사람들은 모두들 점잖은 편인가 보다. 하지만 거리 공연자들은 나를 놓치지 않고 좋은 소재로 삼는다. 그 레파토리는 거의 천편일률이어서 나를 발견하면 이소룡 흉내를 내고 내가 뭔가 반응을 보이면 겁 먹은 듯 도망가는 식이다. 같은 게 서듭되다 보니 나도 심드렁해져서 나중에는 공연자가 수작을 걸어와도 멀뚱멀뚱 쳐다보며 딴청을 피웠다. 나에게 수작을 걸었던 공연자가 바보 됐다.

시내 근처의 옛 요새인 싼따루시아 언덕에 올랐다. 맑은 날씨의 대낮인데도 스모그때문에 시내는 온통 뿌옇고 침침해서 해가 어디 있는지조차 분간이 안 간다. 싼띠아고의 대기오염은 서울보다 두세 배는 더 심해 보인다. 저 속에서 호흡하고 있다는 생각을 하니 내 폐가 불쌍하다.

발디비아 사람들이 북유럽의 혈통을 이어받은 듯했다면 공원에서 저글링에 빠져 있는 싼띠아고 젊은이들은 파리의 분위기를 물려받은 듯 하다. 히피 스타일의 화장, 머리 염색, 피부색, 금속 옷장식 등, 젊은이들의 생김새나 행동 따위가 머리 아픈 프랑스 영화 속의 등장 인물들과 어딘지 모르게 닮아 있다. 유럽의 혈통을 이어받은 싼띠아고 사람들은 유럽풍 거리를 거닐며 유럽식 제도와 체제 아래에서 살아간다. 비록 삶이 유럽인보다 빈한할지라도….

Shell We Dance

쉘 위 댄스 꾸에까?

KTS Chile에서 일한 지 벌써 한 달. KTS Chile는 버스회사에 교통 관제 시스템을 공급 설치하는 회사다. 버스에 장비를 설치하는 일은 죠바니라는 현지인이 맡고 있다. 그는 목수일을 해서 그런지 이런 저런 손재주가 빼어나다. 그런데 회사의 장비설치 일이 줄어드는 바람에 밥짓기, 설거지, 세차, 청소같은 허드렛일이 그의 차지가 되었다. 그런데 그는 특별한 취미의 소유자다. 그는 칠레의 전통무용 꾸에까Cueca의 장인이었다.

죠바니의 부인은 꾸에까 챔피언을 지냈다. 그도 그의 부인과 함께 나간 전국대회에서 4등을 차지했다. 그는 이 장기를 살려 자원봉사로 꾸에까를 가르친다. 그리고 그곳에서 그는 깍듯이 '교수님' profesor이라고 불린다. 죠바니는 비록 사무실에선 허드렛일을 하는 현지인일지 모르지만 바깥에선 불우 청소년에게 꾸에까를 가르치고 공연을 하는 꾸에까의 마에스뜨로였다.

라틴 아메리카의 전통이란 게 대개 그렇듯이 꾸에까도 인디언의 것이 아니고 스페인에서 들어오고 아프리카 음악의 영향을 받은 춤이 지방 토착문화와 버무려져 형성된 것으로서, 모호한 색깔의 '전통'이다. 현재 꾸에까는 페루, 볼리비아, 칠레 등 라틴아메리카 전역에서 찾아볼 수 있다. 다른 나라를 여행할 때는 그다지 눈에 띄지 않았지만 이곳 칠레의 꾸에까는 이 나라를 대표하는 관광상품이자 전통으로 널리 알려진 편이다. 일전에 아르마스 광장에서 딱 한번 꾸에까 공연을 본 적이 있었는데, 오늘은 죠바니가 자신이 공연하는 곳에 날 초대했다. 드디어 제대로 된 꾸에까를 볼 수 있게 된 것이다.

죠바니가 이끄는 꾸에까 공연단은 모두 열 명이었다. 여자들은 아리까가 고향인 열아홉 살 멜리사를 비롯 4명의 10대 소녀들로 구성됐고 남자들은 죠바니를 제외하고는 모두 청소년들이었다. 공연장소는 싼띠아고 변두리의 어느 학교. 밤 11시가 넘어 쌀쌀한 날씨인데도 학교에는 꽤 많은 사람들이 모여 늦은 밤의 피에스타를 즐기고 있었다. 무대 위에선 한 아저씨가 기타를 치며 연신 노래를 불러댄다. 파티라고는 하지만 탁자 위에 음료수 몇 잔 덩그러니 놓인 게 전부고 공연은 격식 없이 진행된다. 사람들은 무대 위의 공연에 아랑곳하지 않고 왁자하게 웃고 떠들어댄다. 꾸에까 공연팀은 한참을 달달 떨며 기다리다 공연을 시작할 수 있었다.

꾸에까는 스토리를 지닌 춤이다. 마초 복장을 하고 큰 창의 솜브레로 모자를 쓴 남자와 품이 넓고 레이스가 풍성한 치마를 입은 여자가 하얀 손수건을 가지고 서로 구애를 하는 것이 주된 내용. 두 남녀는 서로 눈빛을 떼지 않고 손수건을 계속해서 움직이며 가까워졌다 멀어졌다 하면서 서로 사랑을 속삭인다. 화려하다기보다는 우아하고 절도 있는 몸짓에 간혹 구두를 이용해서 탭댄스처럼 발자국 소리를 내기도 한다. 때때로 남자들만의 혹은 여자들만의 군무가 펼쳐졌다. 죠바니 팀의 공연이 무사히 끝나고 앵콜에 앵콜을 받았다. 그리고 마지막 순서로 관중들이 초대되어 함께 춤을 췄다. 맘에 드는 남녀를 불러 춤을 함께 하는 것이 원래 전통인지는 확인할 길 없지만, 귀여운 제니는 기어이 나를 무대 위로 끌어올렸다. 어색한 몸짓으로 손수건을 흔드는 게 고작이었으나, 역시 춤은 즐겁다. 흥겨운 피에스타의 밤이 깊어 간다. 부디 그들에게도 내 생뚱맞은 춤사위가 즐거웠기를….

라틴의 맨하탄

칠레에는 중산층이 없다. 정확히 말하면 칠레의 중산층은 매우 얇다. 다른 남미 국가도 칠레 못지 않게 빈부 격차가 클 텐데 칠레에서 그 차이가 더욱 두드러지게 느껴지는 이유는 무얼까? 라틴의 다른 나라는 소수의 잘 사는 사람과 대다수의 못 사는 사람으로 이루어진 반면 칠레는 꽤 많은 부유층과 꽤 많은 빈곤층, 그리고 갓 생겨나기 시작한 중산층으로 구성된 까닭이다.

쁘로비덴시아Providencia는 싼띠아고의 맨하탄이다. 지저분한 다른 동네와는 판이하게 다른, 쓰레기 하나 없는 깨끗한 거리, 최신 유행 스타일의 메머드급 빌딩, 그 사이를 메우고 있는 미국에서 수입한 쇼핑센터와 유럽 고급 레스토랑 분위기의 식당들. 이 동네는 칼로 잘라내 살짝 손질하고 유럽 한 귀퉁이에 가져다 놓아도 전혀 어색하지 않을 듯싶다.

보고따, 리마, 라빠쓰 등, 지금까지 여행한 남미의 어디를 떠올려봐도 이런 분위기는 낯설다. 다른 남미 국가에도 신도심은 있었고 마천루가 존재했으며 고급스러운 분위기의 거리는 분명 있었다. 하지만 그것들은 항상 빈자의 이미지와 섞여 있었다. 건물은 현대적으로 지어졌건만 한 발짝만 나가면 남루한 옷차림의 행상들이 넘쳐났고 거리는 껌 자국과 쓰레기로 너저분했다. 21세기를 상징하는 인텔리젠트 빌딩이 있는가 하면 옆에는 지진으로 무너진 채 그대로 방치된 폐허가 존재했다.

하지만 쁘로비덴시아는 온 동네에서 돈 냄새가 난다. 건물은 하나같이 깨끗하고 비싼 외장재에 다국적 기업 로고를 내걸었다. 깨끗한 거리엔 순수 백인계와는 조금 다른 노란 머리들이 눈에 많이 띈다. 스페인에서 왔다고 하면 다 고개를 끄덕일 정도의 외모를 가진 사람들이 거리를 활보한다. 푸드코트는 산뜻하고, 맞은 편 레스토랑은 명동의 오래된 가게보다 더 고풍스러워 보이고 바로 옆의 높은 건물과도 잘 어울려 전혀 어색하지 않다. 게다가 이 모든 것이 눈 덮인 안데스를 배경으로 하고 있다. 100뻬소짜리 과자를 열심히 팔아 하루에 고작 몇 천 뻬소 벌이도 빠듯한 그 많던 행상들은 이 동네 입구에서 원천봉쇄 당한 걸까? 이곳은 벤츠를 몰거나 피에르 가르댕 넥타이를 매야 들어올 수 있을 성싶다.

본토비가 꿈꾸는 아트로드

그 친구들이 다녀간 지 벌써 한 달이다. Born to Be. 창세기에서 빌어온 표현에다 예술가로서 새로이 태어나려 한다는 의미를 담았다고. 이 여섯 명의 친구들은 전 세계에 아트로드를 만들겠다는 야심찬 계획을 가지고 2004년 3월 한국을 떠났다. 1년 2개월 혹은 그 이상 길어질지 모르는 세계 여행계획을 가지고. 그들의 순수한 마음과 옹골찬 패기, 그리고 무엇보다도 이를 실천에 옮긴 기획력이 뇌리에 깊게 남았다.

ⓒ본토비, 2004

팀장 성훈과 진구는 연극을 전공했다. 태성은 연기를 공부하고 지현은 문예창작과에 다닌다. 지혜는 한국무용을 맛깔스레 추고, 모든 것은 경협의 카메라에 담겨 기록된다. 본토비는 한국을 떠나기 위해 1년을 함께 준비했다. 국악을 배우고, 일정계획을 세우고, 세계 각국의 예술가들에게 편지를 쓰고, 스폰서를 구하고…. 한마디로 대단하다라는 말이 절로 나온다. 순수한 열정과 거기에 현실적인 기획력을 더해 꿈을 실천하고 있는 그들에게 젊은이라면 모두들 시샘어린 찬사를 보내야 한다. 여행을 해 본 이들은 알겠지만 여행 그 자체만으로도 쉽지 않을 터인데 이렇게 분명한 목적이 있는 여행을 준비하는 것은 더 말할 나위 없을 것이다.

미국, 멕시코, 페루, 볼리비아를 거쳐 칠레로 온 이들을 나는 싼띠아고의 한인 성당에서 처음 만났다. 그들은 일주일을 공연하고 일주일은 칠레의 설치 작가, 연극 공연가, 거리 예술가들을 만났다. 공연을 끝내고 예술가들을 만나는 한 주 동안 내내 그들과 함께 했다. 바쁜 일정으로 어느 정도 친해질 무렵 홀연 헤어지게 되어 못내 아쉽지만 어디에 가든 깊게 준비하여 진지하게 접근하고 많은 대화를 나누면서 가슴 벅찬 기억들을 쌓으리라 믿는다.

언젠가 우연히 '방랑고양이' 라는 제목의 웹사이트를 본 적이 있다. 00학번쯤으로 보이는 국악을 전공하는 그녀는 우리의 음악을 가지고 2002년에 워킹코리아란 팀을 만들어 정말 가기 힘든 중동, 인도 등을 포함해서 6개월 간의 공연을 겸한 해외 여행을 했다. 엊그제 원월드 까페에서 알게 된 어떤 이는 스물 둘에 세우기 시작한 세계여행계획을 스물 여덟이 된 이제 실천에 옮기기 시작했다. 본토비도, 그들도, 그리고 나도 그렇듯 우리 대한의 많은 젊은이들이 너른 세상과 한창 만나고 있다. 세계인과 주고 받는 시선 속에서 우리의 젊은 가슴은 성숙해 갈 터이니, 상상만으로도 이 얼마나 느꺼운, 가슴 벅찬 일인가!

싼띠아고의 모든 것은
눈덮인 안데스를 배경으로 하고 있다.

독재자의 광장, 연 따는 아이들

싼띠아고에 머문 지 벌써 두 달여. 집과 사무실만 셔틀콕처럼 왔다갔다 한지라 문득 남은 일주일 동안은 그간 궁금했던 곳을 가보리라 맘먹었다. 보헤미안이 어쩌구 저쩌구라고 여행서에 소개된 브라질 광장Plaza Brazil에 처음 갔는데 그 동안 여러 차례 스쳐 지났던 정말 별 볼 일 없는 곳이었다. 그곳에서 만난 아주머니가 정색을 하며 크다고 강조한 오이힌스 공원 Parque O' Higgins(칠레 독립의 아버지)으로 향했다. 정확하기로 유명한 전화번호부 뒷면의 지도로 보니 대략 30분 거리일 듯하다. 경찰한테 길을 묻고, 경마장 근처에서 한 아저씨에게 다시 묻고, 그러다 뿌듯한 사실 하나를 깨달았다. 무심결에 들은 공원까지 가는 길을 완벽하게 이해한 것이다. 말 하는 게 늘지는 않았더라도 귀는 좀 뚫렸나 보다. 투박하기 이를 데 없는 길거리표 칠레 말을 알아 듣는 걸 보니.

칠레의 독재자 피노체트가 가장 존경했던 이가 박정희였다더니 피노체트가 만든 오이힌스 공원은 지금은 사라진 서울의 여의도 광장을 떠올리게 했다. 장막 같은 안데스를 배경으로 들어선 엄청난 크기의 아스팔트 광장은 군대 사열에 가장 적합해 보인다. 싼띠아고는 어느 곳에서나 시선을 동쪽으로 돌리면 절벽처럼 솟은 준엄한 안데스를 볼 수 있다. 멀리 눈 덮인 안데스를 배경으로 열대의 야자수가 우뚝 서 있는 모습은 가히 이국적이다. 그런 생경한 광경 중 이곳 오이힌스 공원의 풍경이 단연 으뜸이고.

오이힌스 공원에선 많은 사람들이 꼬리 없는 연Volantin을 날린다. 연 날리는 모습도 재미있지만 그보다 연을 따는 모습이 더 흥미롭다. 처음에는 긴 대나무를 잇고 이어서 만든 장대로 뭘 하는지 몰랐다. 아이들이 장대를 곧추 세우고 우루루 한곳으로 달려가 하늘을 찌른다. 그래서 마치 장대로 높은 가지의 감을 따듯 연을 딴다. 어쩌다가 기력을 잃어버린 연이 떨어지면 주인이 뻔히 보고 있음에도 불구하고 먼저 따는 사람이 임자가 되는 것이다. 그리고 그것을 다시 연장수에게 되판다. 많은 아이들이 그것을 주말의 돈벌이로 하고 있음을 알고 또 한번 놀랐다. 피노체트가 자신이 만든 광장에서 아이들이 이러고 있는 것을 봤더라면 어떤 느낌이었을까.

알제리 친구 파티마

두 번째로 안데스의 서른 굽이 고개를 넘는다. 저번에는 눈 구경하러 왔고 이번에는 아르헨티나로 가기 위해 다시 왔다. 같이 길을 떠난 파티마는 어딜 여행하든 쉽지 않다. 파티마는 볼리비아 우유니 투어를 같이 했던 알제리 아가씨다. 그녀는 매우 독특한 초록빛 눈이 매력적이고 따뜻한 마음씨를 가진 기분 좋은 사람이다. 알제리가 이슬람 국가라는 이유로 파티마는 여행을 할 때마다 항상 비자 문제에 부딪힌다. 비자가 해결되었다해도 국경을 통과하는 게 다른 사람 열 배는 시간이 걸린다. 오늘도 파티마는 별 이유 없이 따로 불려가서 조사를 받았다. 파티마는 이미 적응이 됐다며 "내가 테러리스트거든"이라며 웃어보인다. 프랑스 국적을 가질 수 있음에도 아랍인, 알제리인이라는 자긍심으로 자기 국적을 고수하는 파티마가 받는 인종차별에 기분이 씁쓸하다.

이발 하는 데 1뻬소!(350원)

멘도사Mendoza에 도착했다. 오랜만에 길을 떠나온데다 집으로 가는 길이기도 하고, 일행도 있으니 맘이 편하다. 숙소는 뻬끼가 알려준 걸 잡았다. 1인당 15뻬소(6,000원). 공동욕실이지만 방도 깨끗하고, 온수도 항상 나오고, 아침 제공에 난방까지 된다. 아르헨티나가 질 좋고 싸다더니 정말 그런가 보다. 3, 4년 전쯤 아르헨티나도 우리네처럼 외환위기를 맞았다. 그런 탓에 그전까지 '1뻬소 = 1달러' 였던 것이 1달러에 거의 4뻬소까지 했고 지금은 3뻬소 조금 못 미치는 수준이다. 그래서 그런지 여행자가 느끼는 체감물가는 매우 싼 편이다. 게다가 물가 비싼 칠레에서 넘어왔으니 더욱 그런 느낌이 들 수밖에.

파티마하고 난 아르헨티나의 여행 테마를 '무조건 잘 먹기' 로 정했다. 오늘은 파티마의 친구가 소개해준 라스띠나하스Las Tinajas에 가서 멋진 저녁을 먹으리라. 호텔 주인은 그곳 주인이 한국인이라고 했다. (나중에 알고 보니 중국인이었다.) 그러면서 여기서 사업하는 한국인들이 많고 물건값을 모두 턱없이 떨어뜨린다고 덧붙였다. 특히 옷은 한국인 가게가 상권을 장악했다고. 칠레와 상황이 비슷한 듯하다. 내가 한국인이 여기서 장사하는 게 어떤지 물었더니 "나에겐 괜찮지만…" 하며 말을 얼버무린다. 그리 좋은 인상은 아닌가 보다. 물어물어 찾아간 라스띠나하스 식당은 문이 닫혀 있다. 세상에, 저녁 8시 반이 되어야 저녁식사를 위해 문을 연댄다. 배가 고파할 수 없이 맞은 편 식당에 들어가 저녁을 먹었다.

긴 식사 동안 파티마와 많은 대화를 나눴다. 파티마는 보면 볼수록 참 괜찮은 친구다. 이해심도 많고 동양적 정서도 배어 있고 사람을 배려할 줄도 안다. 남자 친구인 마튜와도 정말 잘 어울려 내가 '세상에서 가장 아름다운 연인' El mas bonita pareja en el mundo이라고 칭찬해 준 적도 있었다. 하지만 이야기를 하다 보니 마튜하고는 얼마 전에 헤어졌단다. 무슬림인 부모님과 베트남 피가 섞인 마튜 사이의 문화적, 가정적 환경의 차이는 쉽게 해결

되지 않는 문제라고 했다. 서양애들이 그런 이유로 헤어진다는 게 새삼 신기하다. 파티마는 올해 스물 여섯이다. 열 세 살 때 프랑스로 건너왔으니 거의 프랑스인이라고 해도 틀리지 않을 게다. 하지만 파티마가 결혼에 대해, 아이에 대해 이야기 하는 걸 듣고 적잖이 놀랐다. 서양애들은 대개 사랑은 해도 결혼이라는 짐은 지지 않으려 한다고 생각했으니까. 파티마는 무슬림과 프랑스, 두 문화 사이에서 자신의 정체성을 찾아가고 있었다.

포도주 한 병을 다 비우고 뽀스트레(후식, 젤리 종류)를 먹고 팁까지 5달러도 안 되는 돈을 우아하게 지불한 후 부슬부슬 비 내리는 거리를 걸었다. 싼띠아고의 멜랑꼴리한 비와 같은 비일 텐데 기분 때문인지 그와는 다르게 낭만적으로 느껴진다. 거리엔 하얀 전구들이 길게 늘어서 있고 레스토랑과 바에선 노란색 조명 아래 사람들이 웃고 있다. 그러다 우연히 파티마와 눈이 마주치면 우리는 비에 젖은 멘도사 거리를 닮은 감상적인 웃음을 나누었다.

부에노스아이레스의 빠릴야다

저녁 9시에 멘도사를 출발한 버스는 도착 시간인 아침 10시를 훨씬 넘기고 오후 1시 반이 되어서야 부에노스아이레스Buenos Aires(좋은 공기)에 도착하였다. 시차까지 한 시간 있으니 17시간을 내리 달려온 것. 오는 동안 계속 푸슬푸슬 비가 내렸다. 이곳을 버스로 달리며 푸른 팜파를 끝없이 볼 수 있으리라 기대했는데…. 유리창을 닦고 닦아도 평원은 안개 속에 숨어 끝내 모습을 드러내지 않았다.

부에노스아이레스는 키 크고 잘 생긴 남자들이 많다. 여자들도 콜롬비아 이후 최고로 예쁘다. 역사적으로 이탈리아의 영향을 많이 받아 그 쪽 계통의 혼혈이 많은 이유이다.

거리 모습도 칠레보다 훨씬 유럽에 가깝다. 파리와 많은 면에서 비슷하다는 인상이다. 건물도, 도로 체계도. 차이가 있다면 규모는 파리의 것을 한 배 반 정도 뻥튀기 하고 디테일은 대충 얼버무렸다는 점이다. 이게 나만의 생각은 아닌가 보다. 프랑스에 사는 파티마도 도시 전체가 파리와 비슷하다고 했다.

누에베데훌리오9 de Julio거리에 서 있는 오벨리스크가 이런 느낌을 더해 준다. 누에베데훌리오 거리는 세계 5대 강국이었던 아르헨티나의 번성했던 역사를 보여주는 지표이다. 세계에서 가장 넓다는 이 거리는 대략 4개로 구분된 섹터에 각각 차선이 있고 그 사이를 보행로나 공원으로 메웠다. 차선만 따져도 대략 30차선. 높은 오피스 빌딩과 글로벌 기업의 광고판들이 3킬로미터에 걸쳐 길 양편에 들어서 있다.

영화로웠던 과거를 보여주는 것이 또 하나 있다. 수백 년은 된 듯한 지하철이다. (실제로는 약 100년 됐다.) 의자와 객차는 나무로 만들어졌고 문은 수동으로 손잡이를 돌려 열어야 한다.

멘도사에 이어 이곳에서도 파티마와 나는 밤이면 세계적으로 유명한 빠릴야다(바베큐) 식당을 찾아 다니고 있다. 수많은 음식점 중에서도 유독 빠릴야다를 부페로 하는 곳이 가장 마음에 든다. 가격이 기껏해야 3~5달러인데

닭, 돼지고기, 소고기, 양고기가 부위별로 없는 게 없다. 거기에 와인 한 잔을 곁들여 연일 먹고 있는데 질리지가 않는다. 재밌는 건 멘도사와 마찬가지로 여기도 거의 모든 부페의 주인이 중국인이라는 점이다. 중국인들이 아르헨티나에서 신종 사업으로 창업해서 전국의 상권을 휘어잡은 모양이다. 오늘도 저녁 늦게 다른 부페를 찾아 그녀와 나는 라바이예La Valle 거리를 누빌 터이다.

스케치 아르헨티나

생활의 일부가 된 초콜릿, 시위대 속에서도 낮잠 삼매경에 빠진 젊은이, 옹근 백년 된 지하철, 항구에서 나온 짜투리 페인트로 알록달록해진 동네 라보까. 아르헨티나의 대표 문화 탱고는 그림 속에서도 관광객을 유혹한다.

라틴의 마지막 밤을 탱고와 함께

호스텔에서 만난 타이완계 미국인 윌리는 스물 일곱에 척 봐도 깔끔한 모범생같다. 한 글로벌 기업에 근무하다 지금은 MBA를 준비하는 중이다. 일한 얘기를 조금 하는데 어린 나이에 세계 여기저기 출장도 참 많이 다녔다. 서른 중반에는 돈 좀 벌어 은퇴하겠다는 말에 같이 있던 여자들이 다들 부러워하는 눈초리로 무슨 아라비아 왕자님 보듯 한다.

낮고 작은 소리로 중얼대는 윌리의 영어는 알아듣기 참 어렵다. 이런 애들 만나면 조금 늘었는가 싶던 히어링이 주는 느낌이다. 괜시리 샘이 났다. 타이완에서 이민왔지만 미국에서 학교를 나온 그가 '지구 어디에서나' 통하는 영어를 무기로 쉽사리 세계 무대에서 살아간다는 게. 비단 언어 문제만이 아님을 알면서도 샘이 나는 건 어쩔 수가 없다. 윌리가 스페인어를 전혀 못하니 스페인어로만 나누던 대화를 영어로 모드 전환했다. 난 여전히 두 언어 모두 의사소통에 문제가 있어 스페인어로 대화할 때보다 내편(대강 알아듣고 버벅대며 말하는 사람)이 한 사람 줄었을 뿐이다. 아, 외국인들과 한국

말로 모드 전환해 대화를 나눌 날이 과연 올 수 있을까? 내가 영어를 익히는 편이 더 빠르겠지….

파티마 친구 룰루는 대학졸업 조건을 갖추려고 파티마가 싼띠아고에서 일하듯 부에노스아이레스에서 인턴사원 연수 중이다. 둘 다 프랑스에서 해외무역을 전공했는데 해외서 2개월 이상을 연수해야 졸업이 된다고.

부에노스아이레스의 마지막 밤은 파티마, 룰루, 싼띠아고에서 알게 된 호르헤와 새벽까지 탱고바에서 놀기로 했다. 느지감치 8시가 넘어야 저녁식사를 하는 사람들인지라 노는 것도 늦다. 12시가 지나서야 탱고바에 사람이 하나둘 모이기 시작한다. 새벽녘엔 이 시간에 어디서들 오는지 발 디딜 틈도 없게 사람들이 많아졌다.

그렇게 늦게 꽃이 핀 탱고바는 딱 우리네 카바레를 연상시켰다. 젊은이들은 거의 전무해서 몇 있는 젊은이는 우리 일행과 외국인 몇몇 뿐인 듯. 평균 연령이 40대 중반은 됨 직하다. 대개는 양복을 잘 갖춰 입고 아줌마들은 진한 화장을 한 것까지 카바레와 흡사하지 않은가!

무대 위의 탱고가 보는 내내 긴장을 늦출 수 없는 거의 곡예에 가까운 것이라면 일반인들의 탱고는 중년층의 사교춤으로서 기본스텝을 벗어나지 않는 매우 정적인 춤이었다. 사뭇 따분해 보일 지경이다. 여자는 남자에게 완전히 몸을 맡기고, 남자는 거의 정해진 발동작 대로 움직인다. 특이한 건 춤과 춤 사이에 잠깐잠깐 대화를 나눈다는 거다. 무슨 얘기를 하는 걸까? 춤 얘기? 살아가는 얘기? 바람 피자는 얘기?

탱고바에서 룰루와 파티마가 타인의 시선은 아랑곳하지 않고 플래시를 터뜨리며 떠들썩하게 사진을 찍는다. 나는 춤추는 이들에게 방해가 될까봐 그들의 시선을 피해 조심스레 셔터를 누르고…. 남미 여행의 마지막 날인 오늘까지도 엄연한 동양인인 나는 서양인들과 기본적으로 '다른 정서'의 소유자임을 새삼 실감한다. 물론 개인차가 있고 언어적인 문제도 있겠지만 타인의 시선을 의식하지 않고 애정을 표현하며, 음악에 맞춰 어디서든 춤추고 박수 치고, 좋은 것과 싫은 것을 분명하게 구분하는 그들.

우리는 떠나온 곳이 달랐다. 그리고 비록 여기에서 만나 젊음과 인생을 나눴지만 우리는 다시 원래 떠나온 자리로 되돌아갈 것이다. 하지만 되돌아간 그 자리에서 우리는 전과 같지 않을 터. 달라진 우리, 달라진 나는 서로의 삶을 더 깊게 이해하며 한결 따뜻하게 세상을 바라볼 수 있으리라.

Epilogue

Index

내 안의 라틴이 나를 꿈꾸게 한다

… 어른들은 숫자를 좋아한다. 만일 "나는 아주 아름다운 장미빛 벽돌집을 보았어요. 창문에 제라늄이 있고, 지붕 위에 비둘기가 있고…." 이런 식으로 어른들에게 말한다면, 어른들은 그 집을 상상해내지 못할 것이다. 그들에겐 "나는 십만 프랑짜리 집을 보았어요."라고 말해야 한다. 그때야 비로소 그들은 소릴 친다. "얼마나 아름다울까!"(『어린왕자』 중에서)

Epilogue

아침이면 콩나물 시루 같은 전철에 몸을 싣는다. 라틴으로의 여행은 너무 빨리 끝이 났고, 제자리로 돌아온 나는 빠르게 서울에 적응해 다시 너무나 어엿한 도시인이 되었다. 라틴 여행은 나를 속속들이 뒤바꾸지도 못했고, 세상을 딴판으로 뒤집어놓지도 않았다. 도시의 시간은 여전히 쉬는 법을 잊어버린 폭주기관차처럼 내달리고, 나도 그 속도에 휘말려 늘 바쁜 일상에 허덕인다. 이렇게 이렇게 나도 숫자만 세고 값어치로만 만물을 헤아리는 『어린왕자』의 '어른' 이 되어가는가?

하지만 나는 믿는다. 잊어버린 줄 알았던 내 꿈을 고이고이 기억하고 있었던 내 가슴을! 또 나는 알고 있다. 이 기특한 내 가슴 한쪽 구석에 '시간도 쉬어가는 레이바' 가 영원히 기억되리라는 사실을!

사람은 무엇으로 사는가? 톨스토이는 '사랑' 으로 산다고 했으나 나는 감히 '꿈' 으로 살아간다고 말하고 싶다. 10년을 기다려 라틴을 찾았고, 지금 그 라틴은 내 속에 고스란히 자리잡았다. 내 안의 그 라틴이 나를 꿈꾸게 한다. 몇 년 뒤일지는 모르지만 언젠가 다시 떠날 그날을…. 스콜이 퍼붓고 원숭이 울음 그득한 보르네오의 열대 우림을 헤치며, 나는 떠올리리라, 사랑의 춤 꾸에까를 추던 칠레 처녀들의 색동 웃음을….

[찾아보기]

Index